SHUANGYUAN NENGLI HE CHUANGYE PINCOU

ZIYUAN BINGFU DUI KEJIXING CHUANGYE QIYE CHUANGYE JIXIAO DE YINGXIANG

双元能力和创业拼凑

资源禀赋对科技型创业企业创业绩效的影响

康 琪 著

江苏大学出版社

JIANGSU UNIVERSITY PRESS

镇 江

图书在版编目(CIP)数据

双元能力和创业拼凑：资源禀赋对科技型创业企业创业绩效的影响／康琪著. -- 镇江：江苏大学出版社，2024.11. -- ISBN 978-7-5684-2298-7

Ⅰ. F276.44

中国国家版本馆 CIP 数据核字第 20243D75V6 号

双元能力和创业拼凑：资源禀赋对科技型创业企业创业绩效的影响

著　者／康　琪

责任编辑／宋燕敏

出版发行／江苏大学出版社

地　　址／江苏省镇江市京口区学府路 301 号（邮编：212013）

电　　话／0511-84446464（传真）

网　　址／http://press.ujs.edu.cn

排　　版／镇江市江东印刷有限责任公司

印　　刷／苏州市古得堡数码印刷有限公司

开　　本／710 mm×1 000 mm　1/16

印　　张／14.5

字　　数／240 千字

版　　次／2024 年 11 月第 1 版

印　　次／2024 年 11 月第 1 次印刷

书　　号／ISBN 978-7-5684-2298-7

定　　价／50.00 元

如有印装质量问题请与本社营销部联系（电话：0511-84440882）

前　言

　　科技的进步改变了人们的生活，科技创新成为现今社会创新发展的主流。随着我国双创事业的高速发展，科技型创业企业将科技与创业紧密结合，在推动社会高质量发展和提升创新驱动中发挥了越来越重要的作用。如何提升科技型创业企业的创业绩效成为目前该领域研究关注的重点。为克服创业企业普遍存在的先天"弱小性"，科技型创业企业需要具备相应的能力并采取相应的措施来缓解资源匮乏带来的压力。目前，鲜有研究探索科技型创业企业资源禀赋与创业绩效之间存在的链式中介作用，并且缺乏分维度进行的相关关系和影响的探索。对此，笔者结合科技型创业企业的特点，对双元能力和创业拼凑在科技型创业企业资源禀赋和创业绩效之间发挥的链式中介作用进行了研究。

　　结合科技型创业企业以技术为核心的特点，笔者将创业资源禀赋划分为人力资源禀赋、社会资源禀赋和技术资源禀赋，并分别就三个维度通过双元能力和创业拼凑的链式中介作用对创业绩效产生的影响展开讨论。为合理、科学地研究科技型创业企业的资源禀赋和创业绩效之间的关系，笔者选取了3家科技型创业企业进行半结构化访谈。通过对创业者、管理者和员工的多方位访谈语料运用扎根理论进行语料处理和编码分析，本书构建了研究的理论框架，并根据不同维度提出了研究假设。经过预测试和问卷修正得到最终问卷后，笔者面向江苏省已入库的或在册的科技型创业企业发放问卷，共回收485份有效样本。随后，笔者对收集的数据进行实证分析，验证了提出的研究假设。

　　第一，本书在理论层面构建了针对科技型创业企业的资源禀赋和创业绩效的概念模型，并对影响其正相关的链式中介作用开展研究。笔者首先通过半结构化访谈构建了创业资源禀赋、双元能力、创业拼凑和创业绩效四者间关系的基本框架，并通过实证检验验证了双元能力和创业拼凑在其中发挥的部分链式中介作用。结果显示,探索能力和创业拼凑在人力资源禀赋和创业绩效之间不能发挥链式中介作用,但在社会资源禀赋和创业绩效之间存在链式关系。开发能力和创业拼凑在技术资源禀赋和创业绩效之间也不能发挥链式中介作用,但在人力资源禀赋和创业绩效之间存在链式关系。

第二,本书将变量分维度讨论,展现了不同的资源禀赋维度、探索能力、开发能力、创业拼凑、财务绩效和成长绩效之间错综复杂的关系。通过区分维度对直接效应进行检验,笔者发现,科技型创业企业资源禀赋各维度对财务绩效和成长绩效均有正向影响,但是对探索能力的影响并不一致;双元能力对创业绩效的各维度影响存在差异;创业拼凑对财务绩效也并非正向影响。从中介效应来看,探索能力、开发能力及创业拼凑也分别对财务绩效和成长绩效产生了不同程度的影响。

第三,本书考察了环境动态性调节作用的差异性。通过检验,笔者发现环境动态性在探索能力与创业绩效的两个维度之间均发挥正向调节作用,但是在开发能力与创业绩效的两个维度之间起负向调节作用。同时,环境动态性在创业拼凑与财务绩效的关系中不能发挥正向的调节作用。故环境动态性在科技型创业企业的发展过程中发挥的调节作用应当结合企业发挥的能力和企业实际行为进行判断。对环境动态性调节作用的检验能够帮助科技型企业在动态的环境中更好地选择有利于提升创业绩效的能力或行为。

本书以在册入库的科技型创业企业为研究对象,研究成果充分结合了科技型创业企业的特点。同时,本书在半结构化访谈、维度构建、量表设置、提出假设等环节融入了科技型创业企业"技术核心"的特点,从理论上丰富了面向科技型创业企业的实证研究,在实践上为科技型创业企业走出资源困境提供了可资参考的建议,有助于科技型创业企业多维度提升创业绩效。

目 录
CONTENTS

第一章

绪论

本章分别对研究的背景、意义、相关文献综述、内容、方法，以及技术路线进行了阐述，为整体研究的顺利开展打好了基础、提供了思路。

第一节　当下科技型创业企业的发展困境

随着全球经济的快速发展，支持创业成为大多数国家促进经济发展、创造就业机会的主要举措，创业活动被广泛认为是促进社会进步的方式。近年来，随着大众创业、万众创新的蓬勃兴起，催生了数量众多的市场新生力量，促进了观念更新、制度创新和生产经营管理方式的深刻变革。《国务院关于强化实施创新驱动发展战略进一步推进大众创业万众创新深入发展的意见》指出，创新创业已成为我国稳定和扩大就业的重要支撑，是推动新旧动能转换和结构转型升级的重要力量，正在成为中国经济行稳致远的活力之源。为落实创新驱动发展，创新创业依然是当前国民经济发展的重点之一。

作为创新发展的动力，科技型企业成为目前实现创新战略的重要组成部分。科技型企业一般被分为科技型中小企业和高新技术企业两种类型。科技型中小企业是新技术、新发明、新产品的主要载体，也是国家发展高新技术产业和建立自主创新体系的重要主体，主要分布在高新技术产业和传统产业中技术含量比较高的产业链环节。与一般的中小企业相比，科技型中小企业作为将科技直接转化成生产力的中坚力量，在国家创新发展战略和可持续发展战略中都占有重要地位。近些年，针对科技型中小企业在社会经济结构转型与升级中发挥的重要作用，政府相继出台了一系列指导意见，为科技型中小企业的快速发展保驾护航。例如，《国家创新驱动发展战略纲要》要求加速科技成果产业化，加大对科技型中小企业的精准支持力度，同时要壮大科技型中小企业群体；《中华人民共和国国民经济和社会发展第十四个五年规划和 2035 年远景目标纲要》要求完善激励科技型中小企业创新的税收优惠政策；《国务院关于推动创新创业高质量发展打造"双创"升级版的意见》要求关注早中期科技型企业，加快科技型创业的发展，产学研用更加协同，使科技创新与传统产业转型升级结合更加紧密。除了科技型中小企业，高新技术企业也是科技发展的中坚力量，是发展战略性新兴产业的核心力量。早在 1988 年，国家原科学技术委员会就组织实施了火炬计划，目的在于大力发展高新技术产业。与其他类型的企业相比，高新技术企业是典型的技术与知识双重密集型企业，需要更多的资金和人才投入，创新的积极性更高，在研发创新方面更具有代表性。一系列政策的出台也预示着科技型企业将迎来更加高速、规范和大规模的发展。

企业的建立离不开创业活动的开展。创业实质上是一个对资源进行不断整合并形成竞争优势的过程。创业资源是创业过程中最核心的基础。所以，所有的创业活动都围绕着资源展开争夺。对于创业企业而言，尤其是那些处于初创阶段的创业企业，资源常常成为阻碍其成长的绊脚石。学者们经常将一切能为企业创造价值与收益的各类资源要素统称为"资源禀赋"。与一般创业企业相同的是，在创业初期，科技型创业企业总是深受资源短缺的困扰。因此，资源问题是全球创业研究长期关注的重点。全球创业观察（GEM）2021 版的《全球创业观察报告（2020/2021）》显示：资源禀赋，尤其是社会资源、家庭资源和自然资源，在创业活动中发挥了非常重要的作用。由于在创业初期，相关资源的获取难度较大且利用率较低，产生了严重的资源约束的困境。又因为资源约束的问题导致了创业活跃度较低，这严重影响了创业的效率，小企业更易因资源的短缺造成不可逆转的后果。2018 年 12 月，中央经济会议要求全面加快经济体制改革，大幅减少政府对资源的直接配置，强化事中事后监管，凡是市场能自主调节的就让市场来调节，凡是企业能干的就让企业干。这就要求降低政府在资源配置中发挥的诱导作用，要求企业自身加强对资源配置的掌控。全球创业观察（GEM）指出，除家庭资源是完全由创业者自身携带入创业行为的资源外，社会资源和自然资源都与政府对创业的扶持密不可分。说明要想提高企业本身对资源的调配比例，减少政府对资源的直接配置还有很长的路要走，同时也对创业企业自身运用资源的能力提出了新的要求。由于科技型创业企业对研发的投入和创新体系的要求更高，其对双元能力的要求具有较大的产业特征。尤其在科技型创业企业研发环节，探索和开发新技术或新资源的能力尤为重要。科技型创业企业需要应对顾客和社会需求的不断变化，对企业研发过程外快速更迭的其他科学技术成果做出迅速回应，在企业成长中对已有的资源进行利用和改善，为企业的长期发展不断开拓新的产品、服务和市场。当面对资源约束的时候，创业者常常急于寻找新的资源。但是除了寻找新资源，创业者或者创业团队还有其他的方式来解决资源约束的问题、缓解资源匮乏的压力吗？如何才能克服外部环境的动态性把握机会呢？如何能让有限的资源产生最大的创业绩效呢？Barney（1997）认为想让资源发挥作用，就必须对资源进行有效整合。也有学者提出了构建企业与企业之间的关系联合组合（企业联盟），使创业企业在组合的关系中获益进而提升创业绩效。其实，拼凑（bricolage）也是一种解决此类问题的有效思路。

Lévi-Strauss 在人类学的研究中首次提出了"拼凑"的概念，解释了人们如何利用"手头资源"寻找问题的解决方案，强调对手头资源价值和功能的重新审视。创业拼凑要求创业者利用手头资源，通过即刻行动发现新的创业机会。这种资源应当是创业企业的内生资源。同时，创业企业的资源禀赋包含了网络关系等社会资源，这些资源在运用的过程中可能会与外部资源产生交集。而这些亟待通过拼凑产生更大效益的创业资源往往并非"核心资源"。如果分散开利用，也许并不能产生良好的创业绩效，但当进行有效拼凑时，却有可能创造巨大的价值。为切实利用好这些闲散资源，政府、孵化器和创业企业自身都做出了很多努力。例如，政府充分利用闲置资源向创业者提供低成本的场地支持；众创空间或科技园区为入孵企业提供闲置资源交流的平台；创业企业之间闲置资源互惠共赢、合作发展；等等。这些在创业实践中有效的创业资源拼凑在很大程度上有助于创业企业的成长和创业绩效的提升。

同时，不能忽视的是，创业拼凑行为受到企业资源和企业相关能力的影响。在创业活动中，双元能力是创业者拥有的关键技能和隐性知识，包括探索能力和开发能力，对创业企业的绩效有重要影响，有利于企业在动荡的环境中生存和发展。科技型企业面临较大的市场不稳定性，具有高风险、高投入、高成长、长周期的特点。技术迭代更新速度快是科技型企业的重要特点，也是科技型创业企业面临资源困境的主要原因。众多的不确定性和不稳定性使科技型企业创业失败的情况随时可能发生。这就需要创业者有较强的双元能力，能够应对随时可能发生的变化。不论从我国的现实国情上看还是从现有的理论研究基础来看，科技型创业企业的快速发展顺应了科技时代的发展，是创新驱动发展的必然结果。

综合以上研究背景，本书拟解决如下问题：如何提升科技型创业企业的绩效以适应国家政策和社会发展的需要；如何解决或缓解科技型创业企业的资源困境；如何运用双元能力应对动态多变的市场环境。一方面，提升科技型创业企业的创业绩效需要企业提升自我配置资源的能力，不能依赖于外部环境的影响或者政府调控的干预。另一方面，科技型创业企业具有较强的社会需求性，有必要对这类企业展开研究。因此，本书主要聚焦于科技型创业企业，对科技型创业企业的资源禀赋、双元能力、创业拼凑和创业绩效之间的关系展开探索，以期为解决科技型创业企业资源困境找到一条出路。

📖 第二节　解决科技型创业企业资源匮乏问题的必要性

一、研究目的

资源匮乏是企业在创业期间经常会遇到的问题。解决创业资源匮乏的情况是创业过程中的核心环节之一，因此如何提高资源利用率以提升创业绩效是创业研究的重要组成部分。在已有的创业资源与创业绩效的关系研究中，加入环境因素、战略因素、创业导向、创业学习、创业机会的研究较多，但是围绕创业资源、双元能力、创业拼凑和创业绩效进行的链式中介分析研究较少。本书在结合产业特点的基础上，界定符合科技型创业企业特点的创业资源禀赋维度，并探索科技型创业企业资源禀赋对创业绩效的影响中可能存在的链式中介作用，为科技型创业企业的后续研究提供一定的理论补充，为科技型创业企业更好地克服资源约束的困境和提升创业绩效提供策略和建议。

二、研究创业资源对创业绩效影响的理论意义

本书可以拓宽创业资源禀赋、双元能力、创业拼凑和创业绩效的相关研究成果，进一步完善创业拼凑的理论研究和实证研究，为科技型创业企业提升资源利用效率和优化资源配置提供理论思路，有利于创业者寻找到优化资源配置的方法，为创业活动有序高效地开展提供有效的理论指导。

首先，本书在理论上丰富了科技型创业企业的相关研究。科技型创业企业的创业资源与其他类型企业相比存在一定的特殊性，兼具了"创业企业"和"科技型企业"的双重特点。科技型企业主要依赖于高科技人才的创新性活动，并在此基础上构建出知识生产体系和创新体系。一般来说，对创业企业的资源研究集中在诸如人力资本、社会资本、经济支撑和必要的物质条件等方面，而科技型创业企业多为知识密集型企业，对技术的研发要求较高，存在大量以知识或技术为主的无形资源。本书以资源基础观为研究基础，在关注传统有形资源的同时，特别强调了科技型创业企业的技术资源禀赋，这更贴合研究对象的实际情况。

其次，本书将双元能力和创业拼凑作为链式中介探究创业资源禀赋与创业绩效的关系。现有研究对创业资源禀赋和创业绩效的关系研究多以创业机会、团队治理、商业模式创新等作为中介变量，或以环境动态性、企业规模等为调节变量，鲜有研究关注这些变量之间的链式中介效应。创业企业的双元能力包括创业探索能力和创业开发能力，这两种能力在资源匮乏的背景下有时需要通过创业拼凑的行为才能作用于创业绩效。而创业拼凑作为一种行为，也需要创业者利用双元能力发挥主观能动性才能更好地作用于创业绩效。本书将双元能力和创业拼凑行为同时作为中介变量，对从单一中介到多重中介的复杂关系进行了梳理，探索较为完善的面向科技型创业企业的创业资源禀赋对创业绩效影响机理，以丰富创业资源禀赋和创业绩效的关系研究。

最后，本书扩展了创业拼凑的实证研究。创业拼凑理论是新兴的创业理论，目前对其理论体系的构建还不成熟。国内现有实证研究也并不丰富，研究的对象多为农户和贫困地区，针对科技型企业的创业拼凑研究并

不多。本书认为科技型创业企业具有较强的产业特点，在创业初期，遇到的诸如技术资源缺失、人力资源不足等问题并不具有传统的普适性，需要进行针对性的探索。因此，本书在对创业拼凑已有的研究成果进行系统梳理的基础上，针对具有科技型创业企业特点的创业拼凑行为进行进一步的研究，为创业拼凑的研究引入产业化特点，探索科技型创业企业的资源拼凑情况，这将有利于提高创业资源的利用率和利用效果，从而有助于创业绩效的提高。

三、研究创业资源对创业绩效影响的现实意义

建设创新型国家需要大力提升科技创新能力，因为科技创新能力是企业打不垮的竞争力。正因如此，高新技术企业和科技型中小企业应运而生。《关于新时期支持科技型中小企业加快创新发展的若干政策措施》指出，高新技术企业和科技型中小企业是培育发展新功能、推动高质量发展的重要力量。在新经济时期，知识和技术在经济发展中的地位进一步凸显，而科技型创业企业正是以知识和技术为核心资源的企业，契合了国家"科技强国"的战略部署。

资源问题是创业的根本问题。聚焦科技型创业企业的资源问题，在实践上可以指导科技型创业活动的开展，促进创业绩效的提升。探索科技型创业企业的资源拼凑情况，有利于提高其创业资源的利用率和利用效果（尤其是知识资源和技术资源），从而有助于科技型创业企业的成长与发展。对双元能力的探索，也能够使创业者进一步审视自身，提高探索和开发资源的能力，有助于科技型创业企业从组织层面上提升创业能力，尽快帮助创业企业脱离资源约束的困境，从而提升企业的绩效。对双元能力、创业拼凑和创业绩效的关系进行研究，能够有效地应对科技型企业在创业期间遇到的资源短缺困境，促进有限的资源最大限度地发挥其优势与作用，为进一步优化科技型创业企业资源配置提供策略和建议，从而提升企业的核心竞争力，促进科技型创业企业健康成长。

第三节 已有研究

一、创业资源禀赋对创业绩效的影响

创业资源是创业活动顺利开展和稳步成长的基本前提和关键要素。长期的研究形成了资源的几个重要理论：资源基础理论、资源依赖理论、认知资源理论等。创业资源的研究既依托于传统资源理论，又兼具创业的特质。

Heckscher（1919）提出了资源禀赋学说的基本论点，他的学生 Ohlin（1933）系统创立了资源禀赋学说，该学说认为劳动、资本、自然资源的丰裕程度会影响国家的产业结构，从而增加国家的优势和福利。后来，学者们在此学说基础上又进一步形成了禀赋优势论和资源诅咒论。企业资源禀赋描述了企业用以构建和实施战略行为所需要的各种资源的总和。随着研究的发展，资源禀赋理论被引入企业管理研究领域。在企业管理中，整合、优化并协调资源往往比传统的不加任何人为干预的资源禀赋更为重要。这在创业企业研究中得到了进一步验证。例如，Timmons 等（1985）认为创业过程就是创业机会、创业团队和创业资源的共同作用以达到动态平衡的过程。而创业者的首要任务就是处理创业资源、创业机会和创业组织等之间的关系。

Firkin（2001）首次将资源禀赋的概念引入了创业管理领域。一般认为，在创业研究中，资源禀赋即表示创业企业所拥有的资源，与成熟企业相比具有一定的特殊性，在很大程度上决定了创业企业的发展方向，在创业活动中处于核心地位，是创业企业发展的关键。它不仅是企业家创业的资源基础，更是创业机会感知过程的基础，为创业行为和新创企业的生存与成长提供价值。所以，创业资源禀赋在创业活动中发挥了重要的作用。例如，Cai 等（2018）就认为初始创业资源禀赋与制度环境和社会网络是新能源汽车国有企业创业行为的三大影响因素。虽然企业资源禀赋的涵盖面很广，但是创业企业并不会同时拥有所有的资源分类。这种资源的短缺性是创业企业的普遍特征。所以，虽然有部分研究对创业资源禀赋的维度进行了划分，但是绝大多数现有研究仅针对创业资源禀赋中的部分资源进行探讨。例如，Bignotti 和 Le Roux（2018）对南非年轻人的创业禀赋进行研究，把创业者的个性特征和背景变量作为创业禀赋的内涵，讨论了青年创业数量成倍增加的现象。

Firkin（2001）认为创业资源禀赋包括了经济资本、社会资本和人力资本。也有研究认为上述这三种资源禀赋都应指创业过程中的个人资本，创业资源禀赋还应包括外部的创业环境（经济环境、制度环境、文化环境）。还有学者将创业资源禀赋划分为参与者拥有维持发展和创新的资本资源、人才资源和技术知识资源程度，或是先验知识、社会资本和创业能力。

关于资源禀赋的划分，学界有很多不同的方法，最常见的是将创业资源禀赋划分为二维度、三维度和五维度。Barney（1997）提出了创业资源禀赋的三维度划分，根据创业期的特殊性和资源的重要性，创业资源禀赋被分为人力和技术资源、财务资源和其他生产经营性资源（包括原材料、厂房、设备等）。结合创业阶段性的特点总结出的资源的分类有利于将创业资源与一般的企业资源禀赋进行区分并为创业资源的研究提供一个有效的研究方向，但是由于概括性较强，很难进行进一步的量化研究。Wilson 和 Appiahkubi（2002）将创业资源分为内部资源和外部资源两个维度，并且这两个独立维度都分别包括整个创业过程的所有资源（财务、物质、人力、组织、技术、名誉）。这两个维度的划分在理论上为创业网络的研究奠定了基础。但是，两个维度的划分并没有提高量化创业资源禀赋的可能性，也就不能为后续研究提供更科学的支撑。随后，Newbert（2010）通过研究认为，创业资源是创业阶段企业能够拥有或控制的各种资产的总和，具体可以分为：财务资源、物质资源、人力资源、知识资源和组织资源。这五个维度以 Barney 的三维资源论为基础，并根据资源在创业阶段发挥的作用对创业资源禀赋进行了更细的划分，是三维资源论的一次衍生发展。从后续研究来看，五个维度的划分使科学量化创业资源成为可能，极大地提高了相关研究的科学性和可操作性。

目前学界对于创业资源的分类并没有达成统一，因角度不同，人们对创业资源禀赋的分类也不尽相同。但目前已有的绝大部分研究都认为，创业企业的资源禀赋应当包含人力资源（人才）和财务资源（资本）。也就是说，在创业活动中，人力资源（人才资源）和财务资源（资本）发挥着稳定且必不可少的作用。

部分创业资源禀赋维度划分见表 1-3-1。

表 1-3-1 部分创业资源禀赋维度划分

时间	作者	维度划分
1995	Dollinger	包括人力资源、财务资源、技术资源、物质资源、组织资源和名誉资源
1997	Barney	分为人力和技术资源、财务资源和其他生产经营性资源（包括原材料、厂房、设备等）
2001	Firkin	创业资源禀赋包括经济资本、社会资本和人力资本
2002	Wilson 和 Appiahkubi	创业资源可分为内部资源和外部资源
2005	林嵩和姜彦福	要素资源（场地资源、资金资源、人才资源、管理资源、科技资源），环境资源（政策资源、信息资源、文化资源、品牌资源）
2005	Moray 和 Clarysse	高技术企业的创业资源禀赋包括金融资源、技术资源和人力资源
2008	蔡莉和尹苗苗	主要包括人力资源、财务资源和社会网络资源
2010	Newbert	创业资源可分为五个维度：财务资源、物质资源、人力资源、知识资源和组织资源
2017	Mickiewicz 和 Nyakudya	创业资源禀赋包括财务、教育、就业市场经验和获得的社会资本（以社交网络为代表，特别是那些特定于创业的网络）
2021	牛萍等	创业资源禀赋应包括先验知识、社会资本、创业能力
2021	杨升曦和魏江	参与者拥有维持发展和创新的资本资源、人才资源和技术知识资源程度

（注：内容系笔者归纳整理）

随着创业活动的开展，人们对创业资源的关注越来越多。学者们对创业资源禀赋和创业绩效的关系问题展开了深入的研究。早在 1999 年，Timmons 就指出创业资源对创业绩效具有直接的影响。目前，研究主要是寻找对创业资源有影响的要素在两者间发挥的作用，如探索资源获取、创业网络、商业模式、环境动态性等发挥的作用。已有研究大多以资源整合作为改善资源困境进而提升绩效的主要方法，而创业拼凑经研究也正在逐

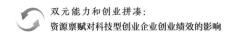

年成为解决初创企业应急资源困难的主要途径之一。和成熟的企业相比，新创企业的资源禀赋相对缺乏，缺口主要集中在财务资本、生产性资源和社会资源等方面。

从现实来看，创业资源禀赋所发挥的重要作用贯穿于整个创业期。当一个创业者寻求机会试图创建新企业的时候，创业资源禀赋就开始发挥它的重要作用。只有完成对创业资源的识别、获取、开发这一系列的整合过程之后，才有可能创立新的企业。尤其在创业初期，企业家拥有的往往只是创业资源禀赋和创业机会。与创业机会识别相比，创业资源禀赋的稳定性更强，在创业过程中发挥的基础作用也更持续。创业资源禀赋包括了创业过程中需要的物质资本、文化资本和社会资本等，这些创业资源影响着创业者识别和开发市场的机会，继而影响创业成长和创业绩效。Porras-Paez 和 Schmutzler（2019）通过对发展中国家创业生态系统的研究发现，社会资源禀赋在创业生态系统中有助于创业企业之间建立信任和合作，以提升创业绩效。此外，创业资源禀赋还包括创业者在创业过程中的一系列能力和行为，如财务和社会功能，还可分为经济资本、社会资本和人力资本。现有关于创业禀赋的研究多关注异质性资源禀赋，学者常尝试通过广泛的理论推导和实证检验来理解为什么创业企业的绩效会有如此大的差别。Barney（1997）对创业资源进行了进一步的研究，认为只有有价值的、稀缺的、难以模仿的和不可替代的异质性资源才能够为企业带来竞争优势。这一研究开创了研究异质性创业资源的先河，也直接对异质性资源和创业绩效的关系进行了一次科学的探讨。然而，异质性资源与创业绩效或者创业成功之间的关系究竟如何还存在争论。信息决策论认为，创业资源的异质性可以通过创业团队成员的信息互通充分发挥不同资源的优势从而做出正确决策；社会分类论认为，异质性资源容易导致创业企业内部发生分裂，不利于提高创业绩效。很多学者认为异质性资源禀赋有利于创业者拓展信息获取渠道，快速高效获取信息，进而发现潜在的创业机会。而创业机会恰是影响创业成功的关键因素之一。所以，创业资源会通过创业机会发挥的中介作用来影响创业绩效的提升。Spanjer 和 Witteloostuijn（2017）通过对美国青年劳动力 1979 年的统计数据和 O * NET 平台数据进行测量后发现：总体来看，两者的关系呈倒 U 形，存在某一绩效顶点的阈值，在此阈值之前两者呈正相关，之后则呈负相关；同时，拥有 23 种技能的创业者带来的创业绩效最优。Khurana 和 Farhat（2021）从资源基础观的角度出发，对 3000 多家美国初创公司开展调查研究发现，资源禀赋在创业早期的企业多元化发展中发挥了至关重要的作用，对企业的生存有积极影响。表 1-3-2 对已有的部分创业资源禀赋和创业绩效关系的研究观点进行了总结。

表 1-3-2　部分创业资源禀赋和创业绩效关系的研究观点

年份	学者	主要观点
1999	Timmons 和 Spinelli	创业资源是创业成长和创业发展的关键点，对创业绩效有直接的影响
2005	彭华涛和谢科范	创业企业家资源禀赋与创业资本积累、创业机会识别、创业决策、创业企业家的成长等都有密切关系
2009	买忆媛等	在规制成本一定的情况下，创业金融资本禀赋对创业意愿有正向影响；创业技术资本禀赋更易产生机会型创业
2012	Gruber 等	强调创业者和管理者的主观能动性，认为创业者的教育禀赋（教育水平、教育专业化）和经验禀赋（在技术、营销、管理和创业中的经验）对创业绩效的影响最大
2012	文亮和何继善	创业资源的三大关键资源是创业环境、创业机会和创业能力，商业模式在关键资源和创业绩效中起中介作用
2013	余绍忠	资金资源、人才资源、管理资源、信息资源、科技资源和政策资源都对创业绩效产生了正向影响，并且这种影响受到环境动态性的负向调节
2017	Spanjer 和 Witteloostuijn	呈倒 U 形，存在某一绩效顶点的阈值，在此阈值之前两者呈正相关，之后则呈负相关
2018	钱思等	创业资源禀赋中的人力资本和社会资本均对创业绩效有正向影响

（注：内容系笔者归纳整理）

通过已有研究不难发现，创业资源禀赋对创业绩效的影响总体来说可归纳为正向影响或是倒 U 形影响。但是在科技型创业企业中，它们的关系具体如何还需要进行进一步的实证检验。

二、双元能力对创业绩效的影响

双元组织理论的产生以动态复杂的环境为背景，它的提出主要是为了解决"管理悖论"，即企业既要维持当前的有效运作，又要适应未来的变革。该理论由 Duncan 于 1976 年提出，认为组织必须调整结构，构建开发性创新和探索性创新互不干扰的二元结构，从而适应环境的变化。双元组织理论解释了组织如何同时完成两种不同的事情，包括效率和灵活性、适应性和一致性、探索和开发等。在不断变化的环境中，创业企业既需要充分利用已有资源尽可能解决企业"活下去"的问题，也需要适应不断变革的创造性需求让企业"活得好"。

大量基于资源基础理论的研究显示，资源在提升企业绩效方面发挥着重要作用，但是创业者或者企业管理者对资源的创造性运用和主观洞察力是资源能够为公司和客户创造价值的另一个关键因素，这对创业者的个人能力和创业团队的组织能力提出了较高要求，强调了创业者和管理者在企业建立和发展过程中所发挥的主观能动作用。

March（1991）开创性地提出了"探索"和"开发"这两种基本的双元能力，并且认为开发能力在竞争中更具有优势，而探索能力存在更多不确定性，企业应该在适应环境的过程中达到探索和开发这两种能力的平衡。这一定义被广泛接纳并应用于组织管理、战略管理、学习管理等领域。在创业过程中，企业家独特的能力、直觉和想象力都是做出合理创业决策的重要基础。那么，探索能力和开发能力到底是什么？探索能力是对新产品、新渠道、新知识的追求，包括搜寻、变化、发现、创新、风险承担等活动能力。而开发能力是对已有事物、现有技术等的利用，包括优化、筛选、效率、选择、充实、实施、生产等能力。有研究认为，这两种能力常以对立的形式存在；也有学者认为两种能力相互依存，企业应当协调好双元能力，从而实现企业的稳定发展和前瞻性布局。

图 1-3-1 总结了双元能力的概念研究里程碑式的发展过程。

```
┌─────────────────────────────────────────────────────────────┐
│                      Duncan(1976)                            │
│          首次提出"双元组织"概念,将双元概念引入管理学领域        │
│    (强调了组织的双元结构;在面对环境的变化时,能够调整结构以适应变革) │
└─────────────────────────────────────────────────────────────┘
                            ↓
┌─────────────────────────────────────────────────────────────┐
│                      March(1991)                             │
│              首次从组织学习的视角阐述双元能力                    │
│  (创造性地从理论中抽象出"探索"和"开发"两种能力,企业发展必须平衡双元能力)│
└─────────────────────────────────────────────────────────────┘
                            ↓
┌─────────────────────────────────────────────────────────────┐
│                  Tushman和O'Reilly(1996)                     │
│              率先提出了双元结构范式,奠定了结构型双元研究的基础     │
│    (认为应当在两种不同的组织中分别开展不同形式的创新才能追求效率的平衡)│
└─────────────────────────────────────────────────────────────┘
                            ↓
┌─────────────────────────────────────────────────────────────┐
│                  Gibson和Birkinshaw(2004)                    │
│          正式提出了情境型双元的概念,强调了组织情境的重要性        │
│  (情境型双元来源于组织硬环境的纪律和张力,以及组织软环境的支持和信任;通过社会情境 │
│          和组织绩效管理两个维度的提升可产生高绩效情境)            │
└─────────────────────────────────────────────────────────────┘
                            ↓
┌─────────────────────────────────────────────────────────────┐
│                  Raisch 和 Birkinshaw (2008)                 │
│          提出了领导型双元的理念,强调了领导在组织双元能力中发挥的作用 │
│        (企业高管团队在管理中的决策会直接影响企业双元能力的构建)    │
└─────────────────────────────────────────────────────────────┘
```

图 1-3-1　双元能力概念里程碑式发展过程

(注:内容系笔者归纳整理)

　　现阶段,研究者多将双元能力划分为三种类型。一是结构型双元,二是情境型双元,三是领导型双元。结构型双元是指组织通过构建和实施双元结构,在相互冲突的需求间进行权衡,强调开发部门组织活动的一致性(alignment)及探索部门对变化环境的适应性(adaptability)。情境型双元指出了组织背景的四个属性:准则、拓展、支持和信任,强调员工个人在一致性和适应性上自主分配精力,使个人既拥有探索行为又具备开发行为,最终产生主动性的合作,从而提高绩效。领导型双元主要强调高层管理者在组织发展过程中发挥的关键性主导作用,认为高层管理者本身的认知性双元能力也是企业双元能力的一部分。上述无论哪一种分类都将"如何使探索和开发这两种能力达到平衡"作为研究的最终目的。有研究认为,可以建立联盟或者外包,可以尝试在探索能力和开发能力之间循环运用,或者为达到商业目标将为未来变化做准备和适应动态环境同时进行。但也有研究将两种能力分开讨论,发现它们发挥的不同作用,探寻它们之间的互补关系。

创业活动中，各种能力的形成都离不开资源支持，能力本质上也是一种资源束集合。资源基础观认为，对资源进行有效组织的能力是企业获得竞争优势的关键。资源往往被视为竞争优势的一阶来源，鉴于能力在企业竞争优势中发挥的重要作用，它常被视为二阶来源。目前双元能力和创业绩效之间的关系研究集中在对双元能力发挥的中介作用的探索上。有研究显示，探索能力往往会加快企业的创新效率，而开发能力主导的企业创新效率较低。这就要求企业尽可能使二者的结合达到平衡。探索与开发结合将有助于得到更好的绩效。也有研究认为双元能力是双元学习的延伸，可以帮助创业企业调动现有的资源，进而改善企业的绩效。同时，双元能力对组织绩效、团队绩效均产生直接影响。例如，高管团队的双元能力能够直接影响创业绩效；双元能力的交互作用可以提高销售增长率，而不平衡发展可能会降低销售增长率。将探索能力和开发能力分别与创业绩效的关系进行研究也是很多学者关注的重点。例如Zahra（2021）认为，通过探索能力的提升可以不断地掌握更多的资源，创造新市场、新机会，从而提升创业绩效；Monferrer 等（2021）认为探索能力能够通过影响创新能力，利用知识来提升国际创业企业的绩效。但是，也有研究认为，双元能力和创业绩效之间并不是完全的正相关，有时候会呈现出倒 U 形相关，甚至是负相关的结论。表 1-3-3 展示了部分关于双元能力对创业绩效影响的研究。

表 1-3-3　部分关于双元能力对创业绩效影响的研究

年份	作者	结论
2009	张玉利和李乾文	通过 185 份有效问卷从理论上论证了双元组织能力的条件适宜性，并对其在创业导向转化为组织绩效中所发挥的中介作用进行了探索
2014	Kortmann 等	双元组织能力将灵活性战略与运营效率联结起来，可以充分调节两者的关系，从而提升创业绩效
2017	Huang 和 Li	双元能力在学习导向和新产品绩效中发挥了中介作用
2019	张延平和冉佳森	双元能力经过了三个阶段的发展（市场、价值、服务）后成为创业企业实现颠覆性创新的关键
2021	吕途等	探索了双元创业的部分中介作用，创业政策在开发式即兴与创业绩效中起正向调节作用，而在探索式即兴与创业绩效中并未发挥显著调节作用

（注：内容系笔者归纳整理）

综合已有实证研究可得，双元能力在对创业绩效的影响中大多发挥了中介作用和调节作用，其对创业绩效可能有正向影响，也可能呈倒 U 型影响，并且与环境动态性有较大关联，需要针对不同创业阶段、不同创业领域等进行相对应的研究。

三、创业拼凑对创业绩效的影响

创业者往往追求机会而不考虑当前可以控制的资源。也就是说，创业者可以根据自己的需要选择利用身边的任何一种资源，并把这些资源重新拼凑，或者进行有效的整合和配置，以产生最大的效用。而资源优化（有时被认为是资源整合）和资源拼凑是构建企业能力所需资源的两种最显著的不同途径。

2005 年，Baker 和 Nelson 指出创业和拼凑的结合是创业活动最好的基础和经济动机，认为"创业拼凑就是将手头资源即刻重新组合，并应用于新的问题或机会"。这个定义将"手头资源""即刻行动"和"发现新机会"视为创业拼凑的三大要素，这在创业拼凑理论的后续研究中被广泛接纳。创业期，尤其是初期，利用"手头资源"是因为创业企业由于各种原因可能无法拥有标准资源。对于资源富余的创业企业，这些资源可能在市场化的环境中公开实现其价值，也可能在非市场环境中以非公开的形式实现其市场价值。不论是将资源分为两个维度、三个维度还是五个维度，绝大多数创业企业由于新生性都很难拥有与企业成长需求完全匹配的资源。由于创业拼凑往往是即刻着手进行的组合（有时甚至可能是无意之中形成的组合），所以其的创新性较强，随之带来的随机性也较强，这就使得创业拼凑对提高企业绩效存在较大的不确定性。能否发现新的机会是创业拼凑的前提，也就是说，拼凑者的拼凑能力在很大程度上影响着拼凑的成功率。尤其是在创业初期，企业家通常寻求控制资源而非拥有资源。现有的关于创业过程的研究很难解释为什么资源禀赋相似的创业者采取相似的行为组合却收获不同的创业绩效。那么，如何在创业公司之间建立其资源的互补性呢？有学者认为，管理者的认知会指引企业如何去利用和探索资源，也有学者认为，嵌入的社会网络关系和经验会增强创业者对外部资源的认知和理解。为了创建新颖且复杂的资源组合，创业企业往往需要和更多的企业进行更加复杂的多边互动合作。但是并不是所有的资源之间都可以进行拼凑，如果外部资源与创业企业自身的资源差距非常大，那么也无法进行有效的拼凑。还有学者强调拼凑行为需要较低的成本和较快的速度。拼凑可以创造出新的价值，帮助企业进行进一步的创新，更有利于企业绩效的提升。但过多的拼凑可能会对创业绩效产生负面影响。

从已有研究来看，不同视角下创业拼凑的内涵并不相同。从资源视角出发，创业研究大多聚焦于创业资源的获取、开发和整合过程，基于成熟企业发展起来的成长理论已无法充分解释创业企业的成长现象，创业企业只有通过对现有资源进行创造性利用才能实现其生存和发展，进而提升其资源整合能力和机会识别能力。资源基础观强调资源的重要性，通常认为有价值的、稀缺的、难以模仿的、不可替代的资源是企业价值创造的源泉。而创业拼凑则是在关注核心资源之余将这些不被视为"核心资源"的闲散资源重新组合以创造价值，这就可以更好地解释一个问题：为什么有时候对同质资源的利用可以创造异质价值。从行为视角分析，创业拼凑是对资源约束的回应行为。虽然这种行为会受到资源属性的影响，但也更具灵活性，能够帮助组织在资源约束的条件下开展创新。值得注意的是，这种灵活性可能引领新创企业走出资源匮乏的困局，也有可能使情况变得更加危急。尤其是当对拼凑行为过度依赖时可能会妨碍创业者寻求对实现变革至关重要的新资源的能力，也就是说，这种行为的积极影响需要一定的约束。从能力构建的视角来看，资源拼凑是一种能产生竞争优势的能力，企业能力的形成主要受资源运用方式的影响，在拼凑的情境中，有三种不同的资源运用方式：要素拼凑、顾客拼凑和制度拼凑。要素拼凑会不断改变资源的原有用途，资源在多用途之间低成本灵活转换，增加企业运用资源的知识，进而促进企业形成资源整合能力。顾客拼凑有助于企业理解顾客需求，增加与顾客的交流，并且通过不断与市场互动，有助于锻炼和提升企业的机会识别能力。制度拼凑的结果往往是产生新的实用主义制度，如新的组织结构、新的生产工艺、新的交易模式、新的顾客需求解决方案等，克服了新创企业行业经验和合法性不足的问题。识别与开发机会的能力、获取资源或重组资源并转化成创业经验的能力都是创业者必备的重要能力，这也充分体现了人在创业活动中的主导地位。

不同理论视角下的创业拼凑具有不同的属性和分类。由于创业拼凑理论提出得较迟，发展历程较短，已有研究中尚有很多分类界限没有划分清楚，需要结合实际创业发展情况做进一步探索。

创业拼凑是创业初期为解决资源约束而采取的策略，也是解决企业资源匮乏难题的有效途径，但是创业拼凑是否一定能够有效地缓解危机？在创业拼凑的诸多类型中，哪一种拼凑的效果更好？通常来说，创业绩效是衡量创业成功与否最重要的指标。目前，对创业绩效作为创业拼凑结果变量的研究已取得一定成果。这些研究多采用案例分析、田野调查、问卷调查、扎根研究等多种方式，将创业拼凑对企业绩效的直接影响和各种中介作用都进行了探索。综合来看，国内很多研究注重国情，而国外的研究涉及的创业对象则更为丰富。

自 2003 年 Baker 和 Nelson 指出创业拼凑对企业绩效具有积极影响后，Baker 和 Nelson（2005）、Senyard（2014）和 Salunke（2013）等均从个体层面探求了创业拼凑的前因变量，分别认为机敏性、创业精神、创造能力和协作能力是影响创业拼凑的前因变量。

此前，昆士兰理工大学的 CAUSEE（澳大利亚新企业创业综合研究）项目用四年时间对 800 家创业企业进行跟踪式研究是创业拼凑研究领域最著名的项目之一。Steffens 等（2009）通过实证发现，创业拼凑与新企业资源优势显著相关，采用创业拼凑的创业企业拥有较强的不可模仿和不可替代的资源。Senyard 等（2014）对 727 家新创企业和 674 家小型创业企业的实证研究结果显示，创业拼凑对新创企业绩效具有正向驱动作用。但是随着企业的成长，这种创业拼凑带来的正向影响逐渐减弱，甚至可能会过渡到负向影响的状态。这种可能性虽然在 Senyard 的研究中没有得到很好的证实，但 Spanjer 等（2017）在后续的研究中对这一假设进行了论证。由此可见，创业拼凑对创业绩效可能产生积极或消极的影响，这体现了创业拼凑的不稳定性和未知性。

同时，对创业拼凑与创业绩效关系的研究趋于细分，研究对象的范围逐渐缩小到某一个领域及某一类企业或人群中。例如，Yang（2018）对跨国公司的营销战略进行了研究，认为环境的不确定性和创业文化是实现创业拼凑的两个重要驱动力；Digan 等（2018）对 369 名印度女性创业者的赋权-感知能力、自主决策能力和管理能力进行探索，认为通过拼凑资源和高赋权有利于女性创业者更好地管理资源并进而提高企业绩效，同时指出高赋权、拼凑和心理资本是提高发展中国家女性创业者创业绩效的三个根本性保障；Zhang（2020）等对 152 家 IT 公司进行调研，发现充分发挥创业精神能有效地促进创业企业进行创业拼凑，且创业拼凑能够有效提升 IT 新创企业的绩效；Alva 等（2021）提出使用创业拼凑能够帮助女性创业者克服新型冠状病毒感染大流行带来的创业高度不确定性和资源限制，并且将众筹作为创业拼凑的一种有效形式；Onwuegbuzie 和 Mafimisebi（2021）对 20 名非洲土著企业家进行结构化访谈，发现创业拼凑能够帮助企业家克服资源的有限性并迎接更大的挑战，且能够更好地解决实际问题。

国内学者的研究普遍认为，创业拼凑对创业绩效具有积极的影响。祝振铎等（2014）认为在国内特定的情境下，创业拼凑有可能会使新创企业过度超前，或者陷入"创新陷阱"，甚至与正常的市场运行机制背道而驰，这将对新企业的发展产生巨大的消极的影响。因此，作者分别构建了创业拼凑对新企业绩效影响的动态模型和调节效应模型，结合我国创业实际，作者提出了在新企业初创阶段和早期成长阶段创业拼凑对财务绩效与成长绩效影响的理论假设并进行了验证。在对相同样本的检验中，李非和祝振铎（2014）又将动态能力作为中介变量对创业拼凑和企业绩效进行了探索。赵兴庐等（2016）基于"资源—行动—结果"的逻辑视角对 245 家新建企业进行调查后发现：有创业经验的企业家更倾向于进行创业拼凑；行业知识越丰富的创业者的创业拼凑水平越高；社会关系越多元化的创业者越擅长创业拼凑；创业拼凑与新创企业的技术新颖性和市场新颖性显著正相关；创业拼凑在上述创业资本与创业新颖性之间起完全中介作用。王兆群等（2017）通过层次回归分析从拼凑动机的角度研究创业拼凑对新创企业合法性的直接效应，以及环境动态性的调节效应，为新创企业创业拼凑的选择和企业合法性的构建提供了理论借鉴。此外，左莉等（2017）构建了认知柔性、创业拼凑与新企业绩效的关系模型，并探讨了环境动态性对此逻辑关系的调节效应；刘人怀和王娅男（2017）探索了创业导向的 3 个维度——创新性、风险承担性和超前行动性在创业拼凑和创业绩效的关系中所发挥的调节作用；赵兴庐等（2017）基于创业过程中机会内/外生的动态平衡视角，认为创造性的资源拼凑和手持资源的机会搜寻是沉寂的组织冗余转化为公司创业的双元式中介路径过程，并对此进行了检验分析。也有一些学者专门针对特定行业或情境进行了相应的研究。孙红霞等（2016）依据 Timmons 模型，对东泊子村 30 余年的创业活动进行研究，分析了农民创业过程中的机会开发、资源拼凑和团队融合行为。王玲等（2017）选取了三家具有国企背景的新能源汽车新企业进行多案例分析，揭示了在新能源汽车产业的独特情境下，具有国企背景的新企业竞争优势的构建机理，并由此提出机会—资源一体化创业行为的理论模型。就创业阶段来看，有效的创业拼凑发生于创业初期，这一观点已经取得了学界的共识。

综合研究现状可见，创业拼凑强调在资源约束的情境下利用手头资源立即行动，这种资源虽然往往是零碎的、看似无用的，但是经过创业者的拼凑能大大改善资源匮乏的困境从而提高创业绩效。因此，创业拼凑常被作为中介变量影响创业绩效。同时，创业拼凑与创业绩效之间又存在如催化创新、动态能力、创业学习等中介变量，战略变化、创新强度、信任关系、企业组织结构等变量对创业绩效起调节作用。现有研究关于创业拼凑和创业绩效关系研究的常见模型见图 1-3-2。

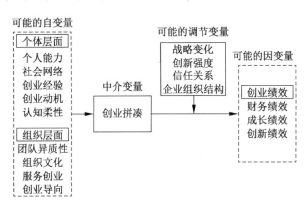

图 1-3-2 创业拼凑和创业绩效关系研究的常见模型

（注：内容系笔者归纳整理）

四、创业环境对创业绩效的影响

创业环境在创业过程中发挥了非常重要的作用。2014 年《全球创业观察报告》从九个方面对创业环境进行了衡量，包括政府政策、金融支持、研究开发转移、政府项目、教育和培训、基础设施、市场开放程度、商业环境、文化和社会规范。从我国国情来看，自2014年"大众创新，万众创业"被提出后，国家在政策上为新企业的创立开辟了宽松的创业环境，使得我国创业发展进入一个新阶段。学界一般将创业环境分为广义和狭义两种。前者通常指达到创业目标的所有的现实环境因素，包括社会、人口、政策、经济、市场等一系列因素，同时所有这些外部因素都是企业发展和成长的必要客观条件，这也是环境决定论的主要观点；而后者一般特指在创业活动中，生产要素和企业产品直接面临的市场、竞争企业和其他调解企业的各个群体。

通常情况下，创业环境特指创业企业外部的环境因素，是可以对创业企业成长和发展起到作用的因素。在30余年的创业环境研究发展中，学者们对创业环境的内涵进行了很多探讨，产生了大量不同的分类和见解。部分创业环境的内涵研究见表1-3-4。

表1-3-4　部分创业环境的内涵研究

时间	作者	主要观点
1982	Bruno 和 Tyebjee	包括创业者、高等院校和科研所、风险资本、供应商、消费者、新市场、劳动力、政府管理、社会公众态度、交通设施、基础设施、地区生活水平，以及社会保障支持
1985	Gartner	包括组织能够获取和利用的一切资源，例如地方政策影响、区域高校数量、人口环境影响、技术因素影响等
1997	John 等	主要特指创业企业外部环境，包括影响企业的外部组织及其他因素
1999	Timmons 和 Spinelli	主要包括创业机会、资本市场环境、模糊及外生性因素、市场中的各种不确定性因素等
2004	张玉利和陈立新	包括政策、经济、支持和技能
2006	蔡莉等	技术环境、政策法规环境、融资环境、人才环境、市场环境及文化环境
2016	张京等	政策环境、投资融资环境、营销体系及创业教育等
2021	崔宏桥和吴焕文	市场环境、政策服务环境、融资环境、创业文化

（注：内容系笔者归纳整理）

创业环境是一个由多种要素构成的复杂概念，环境内部各要素协同作用，形成区域创业生态系统，其本质上具有动态性的特征，具有比较大的不确定性。这种不确定性也在很大程度上对创业企业的成长有比较大的影响。不论是广义还是狭义，创业环境的内涵始终没有一个统一的范式。创业环境涵盖的要素多且复杂，除了对其内涵研究的不断深入，对其特征、维度的研究也逐渐丰富。通过整理已有研究可以发现，虽然学界对创业环境的内涵和维度划分各有不同，但是市场、政策、人才、资本等是相关研究关注的重点。同时，由于创业企业所处的国家和地区不同，其政治政策、经济环境、文化氛围等有较大的差异，因此针对不同国家和不同地区的创业环境的研究很有必要。中国的地区经济、政治和文化差异较大，尤其是东部地区和中西部地区的相关政策倾斜力度不同，经济发展水平差距较大，科技人才储备量相差较大，人们对于创业行为所持的态度也大不相同，因此，针对同一区域的特定创业环境中科技型企业创业绩效的研究具有更强的科学性和实用性。同时，在以往研究中，大多数研究聚焦于创业环境的某一单个要素对创业绩效和可持续发展的影响，结合动态性和各个要素之间的关系进行的研究亟待丰富。

创业行为的开展离不开创业环境。创业环境是对创业行为产生影响的各项因素的综合，良性且相对稳定的创业环境可以为创业活动提供优质的成长环境和发展空间，从而提升创业绩效，但有可能导致企业创新性不足；动荡且相对匮乏的创业环境可能会阻碍创业企业的可持续发展，但其也可能另辟蹊径为企业的高速发展创造条件。

目前，创业环境与创业绩效之间的关系研究成果较丰富，不少学者认为创业环境在创业绩效提升和创业成长发展中发挥了重要作用，主要从基础设施、制度环境、文化环境、市场环境、政策环境等方面进行了讨论。从研究内容上看，创业环境的研究着眼于环境本身，或将创业环境作为影响创业绩效的直接因素，抑或将创业环境视为调节其他因素和创业绩效之间关系的重要因素。结合我国国情，中国经济转型为创业活动的开展带来了动态的制度环境，使中国国情下的创业企业面临着更多富有挑战性的政策环境和市场环境。研究发现，完善的基础设施可以帮助初创企业降低创业成本并提高利润空间；制度环境正向影响企业创新绩效；政策环境、金融支持、研发环境、人才环境均有利于创新效率的提升。对于技术型企业而言，良好的技术支持环境可以推动创业活动的发展，提高创新效率。同时，政策环境的不确定性和市场环境的竞争强度都在技术联盟和创业绩效中存在正向调节作用。文化环境主要是指一个国家或者地区对待创业和创业失败的包容态度，包括是否认同、支持创业及宽容创业失败等。王渊等（2020）认为文化环境包含科教实力、创业思维、民风等，并且对扩大创业规模和创建"双创"生态圈有积极影响。研究还显示，外部文化环境对创业行为的认同和包容还会持续性地对创业者产生积极的影响并提升其自我效能感，能够从情感上支持创业者战胜困难获得成功。

创业环境对创业绩效的影响因素有很多，其中创业环境的动态性普遍被视为调节创业绩效的重要因素，这反映了环境的波动性和不确定性，可以直接影响创业者的机会识别并促使创业者依据环境变化对企业战略发展做出适度调整，以达到提高收益、实现快速成长的效果。同时，聚焦创业环境动态性在资源和创业绩效的关系中发挥着重要作用，Zahra 和 Bogner（2000）认为高动态的敌对环境会加剧企业获得成长所需的资源的难度，从而影响创业企业的发展和成长。随着研究的进一步深入，技术和市场动态性的提升可能会放大创业资源对创业绩效的作用。当企业所处的环境相对稳定时，企业较易于通过自身积累的经验和能力从创业网络中搜寻到创业活动所需的技术。而高动态性的环境会使企业面临各种困难并产生较高的不确定性，打破企业循规蹈矩的生产方式，不利于创业企业准确把握发展机遇并做出合理判断。彭华涛等（2021）认为在高技术动态性环境下，双元创新的平衡和探索性创新均对创业绩效有显著的正向影响；而在开发性创新对创业绩效的正向影响中，环境的动态性具有负向调节作用。余绍忠（2013）通过对江浙沪地区高技术企业的调研发现，环境的动态性在资金资源、人才资源、管理资源和政策资源对创业绩效的影响中发挥了负向调节作用，而在信息资源、科技资源对创业绩效的影响中发挥了正向调节作用。

综合已有相关研究可知，许多学者通过实证研究检验了创业环境的动态性在不同的资源禀赋和创业绩效中发挥的不同调节作用。科技型创业企业与其他类型创业企业相比，对技术资源的需求更大，所面对的技术市场环境更迭更快，具有一定的特殊性，其发挥的调节作用也需要得到进一步验证。

五、对已有研究的述评

现有研究显示，创业资源禀赋、双元能力、创业拼凑和创业环境都对创业绩效产生影响。创业资源禀赋是创业活动开展的基础与核心因素，其对创业绩效的影响可能是正向的，也可能呈倒 U 形相关。双元能力在对创业绩效的影响中发挥着中介或调节作用，并且可能会受到环境因素的影响。创业拼凑对创业绩效存在普遍的正向影响，但是，也有研究发现处于不同时期的创业拼凑可能会对创业绩效的提升产生不同的影响，即创业拼凑仅在初创期有助于提升创业绩效，而在成长期其发挥的作用越来越小。创业环境为创业活动的开展提供了空间，在创业活动中发挥着不可忽视的调节作用。已有成果多对创业环境各维度和特点与创业绩效的关系展开研究。其中，环境动态性在不同维度的创业资源禀赋对创业绩效影响的关系中发挥着不同的调节作用。

首先，当下对创业资源禀赋的内涵定义较多，但绝大多数的划分都将人力资源（人才资源）和财务资源纳入了维度的划分。这充分说明，人才和资金是创业企业必不可少的资源。科技型创业企业的市场竞争力来源于企业的核心技术竞争力，人才资源是科技型企业建立和发展的重中之重。同时，技术的研发也离不开资金的支持。所以，本书将结合科技型创业企业的特点对其创业资源禀赋进行划分，也将着重关注人力资源和财务资源的获取与拼凑对创业绩效带来的影响。其次，已有研究显示，双元能力对创业绩效产生中介作用或者调节作用。但是目前相对缺少针对不同行业、不同阶段的创业企业的相关研究。科技型创业企业对创新要求较高，面对的外部创业环境的更迭也较快，因此，不断调整创业者和创业团队的双元能力以适应企业高风险性的变化显得尤为重要。再其次，从创业拼凑的相关研究来看，创业拼凑理论产生较晚，鲜有针对科技型创业企业开展的研究。已有研究多聚焦于不同视角下的创业拼凑，例如要素拼凑、顾客拼凑和制度拼凑在缓解资源困境中发挥的作用。创业拼凑对创业绩效产生什么样的影响目前还属于有争议的话题。

大多数学者认为，创业拼凑对创业绩效有积极影响，但是忽视了创业拼凑产生的背景。结合创业初期资源的贫乏和创业成长期可能出现的资源冗余，研究显示，创业拼凑在创业过程中对创业绩效产生倒 U 形影响。本书将基于科技型创业企业的特点对创业拼凑与创业绩效的关系进行进一步探索。最后，通过对创业环境研究的梳理可知，当前创业环境对创业绩效的研究多体现在直接的中介效应或对创业绩效提升的调节作用方面，并集中在对创业环境动态性的研究上。

从上述内容可知，相关研究已然比较丰富，但是针对科技型创业企业这一特定对象的研究还不多。科技型创业企业具有以"技术资源"为核心的企业特点，其各维度的创业资源禀赋对绩效的影响还有待进一步探索。一方面，作为以创新为主要导向的一类创业企业，探索能力和开发能力是否都能对创业绩效产生正向影响有待考察；另一方面，鲜有成果对双元能力和创业拼凑在创业资源禀赋对创业绩效提升的路径中共同发挥的作用进行探索，这也需要结合科技型创业企业的特点进一步研究。

第四节　研究内容与研究方法

一、研究内容

本书探索了科技型创业企业资源禀赋通过双元能力和创业拼凑的链式中介作用于创业绩效的路径，并结合多变且不稳定的创业环境，为提高创业资源利用率和提升创业绩效提供新思路。本书主要内容如下：

第一，开展科技型创业企业资源禀赋维度研究。创业资源禀赋是创业企业生存发展的根本，没有足够的资源，企业将难以成长和发展。现有研究中关于创业资源禀赋的维度划分方式较多，其中大多从经济、社会和人力三个方面对创业企业的资源禀赋展开研究。也有研究认为，人才资本、知识资本等也应作为创业资源禀赋的维度。还有的研究以异地资源和本地资源为标准来划分创业资源禀赋。本书认为，不同专业类型的企业应具有不同产业特点的创业资源禀赋维度的划分。根据《科技型中小企业评价办法》要求，科技型中小企业是指依托一定数量的科技人员从事科学技术研究开发活动，取得自主知识产权并将其转化为高新技术产品或服务，从而实现可持续发展的中小企业，其评价指标主要涉及科技人员、研发投入和科技成果三类。国家《高新技术企业认定管理办法》对高新技术企业的划分标准主要关注两个特点："研究开发与技术成果转化"和"核心自主知识产权"。从这两个标准来看，科技型企业作为知识密集型企业或知识和技术双密集型企业，与传统的劳动力密集型企业相比，对知识、人才和技术有着更高的要求。基于现实需求，结合面向科技型创业企业的调研，本书对科技型创业企业的资源禀赋进行了相应的维度划分，即将科技型创业企业资源禀赋的维度划分为人力资源禀赋、社会资源禀赋和技术资源禀赋。

第二，进行创业双元能力和创业拼凑的关系研究。处于创业期的科技型企业对资源的要求更高，为了能快速有效地解决瞬息万变的市场升级和客户需求带来的各种问题，创业拼凑迫在眉睫。虽然创业双元能力与创业拼凑行为存在互动机制，但是科技型企业的创业双元能力对创业拼凑的影响作用更强。科技型企业的创业双元能力大部分来源于创业者和创业团队本身的资源禀赋，部分来源于在创业过程中的不断汲取经验和提升自我。在创业前期，尤其是研发阶段，进行创业拼凑的过程对创业双元能力要求较高。本书基于科技型创业企业的特点对创业双元能力和创业拼凑的关系进行了进一步的梳理。

第三，探索创业资源禀赋与创业双元能力的关系。科技型创业企业对知识和人才的高度需求是其区别于劳动密集型企业的关键。尤其是强大的技术人才储备和创业精英基础，能够提高科技型创业企业资源拼凑的成功率。社会资源禀赋丰富的科技型创业企业在遇到困难时，也更容易从政府、高校、其他相关企业等处获得闲置或廉价的资源，找到解决问题的办法。因此，不论是人力资源禀赋、社会资源禀赋还是技术资源禀赋都对创业拼凑的效果有很大的影响。本书通过结合现实情况，对科技型创业企业的创业资源禀赋与创业双元能力的关系进行梳理和分析，探讨在以人才技术为重的创业活动中，两者对创业绩效的作用。

第四，对资源禀赋、创业双元能力、创业拼凑和创业绩效的链式关系开展研究。资源与能力相互成就，也相互牵制。创业双元能力基于组织双元论，认为探索能力和开发能力是创业者和创业组织必不可少的基本能力。创业双元能力会直接影响创业者和创业组织对创业资源的探索和利用开发。而手头资源和闲置资源的拼凑有时能够为新创企业带来新的机遇。这种拼凑行为往往具有较强的时效性，有时还具有临时性和随机性的特点。"能不能拼凑"和"拼凑的成功与否"都与创业者和创业组织本身的创业双元能力紧密相关。本书将创业双元能力和创业拼凑作为链式中介变量，以创新的角度探索创业资源禀赋和创业绩效的关系。

基于本书的主要研究内容，图1-4-1展示了本书的整体研究框架。

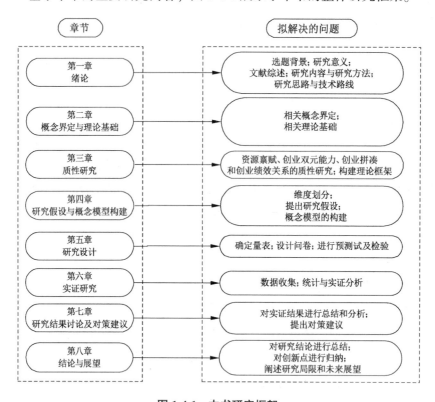

图 1-4-1　本书研究框架

二、研究方法

文献研究法：通过文献研究法，搜集、鉴别、整理国内外有关创业资源禀赋、双元能力、创业拼凑和创业绩效关系的文献，尤其是将双元能力和创业拼凑作为中介变量的文章，了解研究的前沿动态和发展趋势，并对国内外现状进行对比分析。这是本研究开展的首要环节。

扎根访谈法：对部分经过科技部认证的科技型中小企业和高新技术企业的创业者和管理者进行访谈。以此把握创业资源禀赋、双元能力和创业拼凑现有的实践情况和已有的效果，进而确定科技型创业企业的创业资源禀赋和创业拼凑的维度及关系特点，以便设计出有效的调查问卷。

问卷调查法：将确定的量表科学地设计题项，经过少量样本的预采集对问卷进行调整。通过纸质稿或互联网将问卷发放至科技型创业企业的创业者和管理者，并在回收足够的样本后，对少填、漏填的样本进行筛选。

结构方程法：通过访谈调查法与问卷调查法收集相关数据，利用结构方程模型，运用 SPSS 和 Mplus 进行模型检验，确定并验证创业资源禀赋、双元能力、创业拼凑和科技型创业企业绩效之间的关系，确定双元能力和创业拼凑在上述关系中的链式中介作用。

归纳总结法：对研究结果进行归纳总结，以便更好地提出提升科技型创业企业创业绩效的对策，充分体现本书的研究意义。

第五节　研究逻辑

首先，根据当前的研究背景和研究成果，提出本书需要解决的两个主要问题；随后，对本书主要变量与创业绩效的关系进行文献梳理，寻找可能存在的研究缺失，为研究进行理论基础的铺垫；然后，通过质性研究把握科技型创业企业创业禀赋、双元能力、创业拼凑和创业绩效的关系结构，构建理论框架；接着，依据质性研究的结果制定相应量表、提出研究假设，并细化概念模型，进行样本回收和实证检验；最后，基于检验结果对提升科技型创业企业创业资源利用率，进而提升创业绩效提出对策和建议。

本书的研究遵循着问题提出、理论研究、维度划分/构建理论模型、实证研究和建议策略/结果讨论的逻辑，如图 1-5-1 所示。

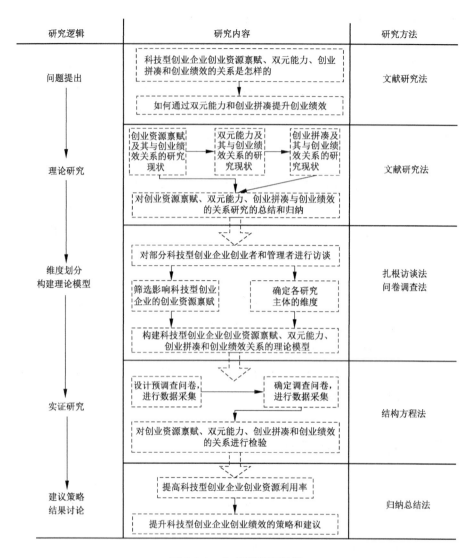

图 1-5-1　本书的研究逻辑

在问题提出的模块中，本书主要运用文献研究法，通过梳理文献，提出两个主要问题：一是科技型创业企业创业资源禀赋、双元能力、创业拼凑和创业绩效的关系是怎样的，二是如何通过双元能力和创业拼凑提高创业绩效。

提出问题后，本书根据现有情况梳理三个方面的研究现状，分别是创业资源禀赋及其与创业绩效关系的研究现状、双元能力及其与创业绩效关系的研究现状、创业拼凑及其与创业绩效关系的研究现状，并对创业资源禀赋、双元能力、创业拼凑与创业绩效的关系研究现状进行总结和归纳。

在维度划分和构建理论模型的阶段，本书主要采用扎根访谈法和问卷调查法。首先，对部分科技型创业企业创业者和管理者进行访谈，并对访谈资料进行归纳和整理。其次，筛选出影响科技型创业企业绩效的创业资源禀赋并确定各研究主体的维度。最后，构建出科技型创业企业创业资源禀赋、双元能力、创业拼凑和创业绩效关系的理论模型。

在实证研究阶段，本书通过设计预调研问卷、局部进行数据采集并分析后确定调查问卷，随后进行大规模问卷发放和数据回收，之后对提出的创业资源禀赋、双元能力、创业拼凑和创业绩效的关系假设进行验证。

在建议策略和结果讨论阶段，本书根据研究结果，为提升科技型创业企业创业绩效提出建议。

第二章

概念界定与理论基础

本章分别对研究涉及的科技型创业企业、科技型创业企业资源禀赋、科技型创业企业双元能力、创业拼凑和科技型创业企业创业绩效进行了概念的界定。同时，本章还对研究开展的三个理论基础进行了阐述，包括资源基础理论、创业过程理论和组织双元理论。

第一节 关键概念界定

一、科技型创业企业

在我国"大众创业，万众创新"的时代大背景下，科技型创业企业成为创业企业大军中的主力。习近平总书记在党的十九大报告中指出："创新是引领发展的第一动力。"科技型创业企业正是以创新为生存成长的基础，利用科技成果，开发新产品和新服务的一类企业。其在促进区域经济发展、培育新兴产业和科技进步中发挥了重要作用。同时，科技型创业企业要想在竞争激烈的市场环境中生存成长，就需要不断提高自己的技术创新能力，培育持续创新机制。现有研究认为，支持科技型创业企业的发展是加快转变经济发展方式，调整优化经济结构，推动发展走上创新驱动、内生增长轨道的重要举措。以江苏省为例，"十三五"时期，江苏科技综合实力实现了新跃升，全社会研发投入占地区生产总值比重达 2.85%，科技进步贡献率达 65.1%，万人发明专利拥有量达 36.1 件，接近创新型国家和地区中等水平。"十四五"时期，江苏省对科技型中小企业的扶持政策具有延续性和力度大的特点，《江苏省"十四五"科技创新规划》对发展科技型中小企业提出了新规划：完善科技型中小企业培育体系，建立覆盖企业初创和成长阶段的政策服务体系，完善高成长性科技型中小微企业的挖掘、培养、扶持机制，着力发展和壮大科技型中小企业队伍。可以说，科技型创业企业的快速发展是我国科技创新创业飞速前进的重要标志和必然结果。一般来说，科技型企业可以分为科技型中小企业和高新技术企业。本书对科技型创业企业的界定综合参考创业企业的界定及我国对科技型中小企业和高新技术企业界定的相关政策文件。

根据 2015 年《科技部关于进一步推动科技型中小企业创新发展的若干意见》和 2017 年科技部、财政部和国家税务总局联合印发的《科技型中小企业评价办法》的界定，科技型中小企业是指"依托一定数量的科技人员从事科学技术研究开发活动，取得自主知识产权并将其转化为高新技术产品或服务，从而实现可持续发展的中小企业"。科技型中小企业往往拥有自己的知识产权，科技含量较高，创新能力较强，是现阶段国家科技创新发展重点扶持的企业类型。自 2015 年至今，国家相关部委印发了数份鼓励科技型中小企业发展的政策性文件，涉及评估、注册登记、税收优惠、企业考核、孵化政策等多个方面。部分政策文件要求见表 2-1-1。

表 2-1-1　部分科技型中小企业相关政策文件汇总一览

时间	部门	文件	主要内容
2015	科技部	《科技部关于进一步推动科技型中小企业创新发展的若干意见》	阐述了科技型中小企业创新发展的重要意义，鼓励科技创业，支持技术创新，强化协同创新，推动集聚化发展，完善服务体系，拓宽融资渠道，优化政策环境
2017	科技部财政部税务总局	《科技型中小企业评价办法》	对科技型中小企业进行了界定；提出了科技型中小企业的评价指标；要求符合条件的科技型中小企业进行信息填报与登记入库
		《关于提高科技型中小企业研究开发费用税前加计扣除比例的通知》	为了激励研发投入，支持科技创新，公布了提高科技型中小企业研究开发费用税前加计扣除比例的具体算法
2019	科技部	《关于新时期支持科技型中小企业加快创新发展的若干政策措施》	提出了支持措施，包括：培育壮大科技型中小企业规模；强化科技创新政策完善与落实；加大对科技型中小企业研发活动的财政支持；引导创新资源向科技型中小企业集聚；扩大面向科技型中小企业的创新服务供给；加强金融资本市场对科技型中小企业的支持；鼓励科技型中小企业开展国际科技合作
2022	科技部	《科技部办公厅关于营造更好环境支持科技型中小企业研发的通知》	优化支持科技型中小企业研发的资助模式，落实支持科技型中小企业研发的政策措施，提升支持科技型中小企业研发的人才服务，创造支持科技型中小企业研发的应用场景，夯实支持科技创新创业的基础条件，强化组织落实

（注：内容系笔者根据相关政策文件自制）

　　高新技术企业也是科技型企业的重要组成部分。根据 2016 年科技部、财政部和国家税务总局修订印发的《高新技术企业认定管理办法》，高新技术企业指在《国家重点支持的高新技术领域》内，持续进行研究开发与技术成果转化，形成企业核心自主知识产权，并以此为基础开展经营活动，在中国境内（不包括港、澳、台地区）注册的居民企业。从政策文件中的界定可以看出，科技型中小企业和高新技术企业在人员、知识产权、领域、注册地等方面均有差异。表 2-1-2 展示了两种企业概念界定的差异和不同的满足条件。

表 2-1-2　科技型中小企业和高新技术企业界定比较

类别	科技型中小企业	高新技术企业
概念界定	依托一定数量的科技人员从事科学技术研究开发活动，取得自主知识产权并将其转化为高新技术产品或服务，从而实现可持续发展的中小企业	在《国家重点支持的高新技术领域》内，持续进行研究开发与技术成果转化，形成企业核心自主知识产权，并以此为基础开展经营活动，在中国境内（不包括港、澳、台地区）注册的居民企业
认定条件	（一）在中国境内（不包括港、澳、台地区）注册的居民企业 （二）职工总数不超过 500 人、年销售收入不超过 2 亿元、资产总额不超过 2 亿元 （三）企业提供的产品和服务不属于国家规定的禁止、限制和淘汰类 （四）企业在填报上一年及当年内未发生重大安全、重大质量事故和严重环境违法、科研严重失信行为，且企业未列入经营异常名录和严重违法失信企业名单 （五）企业根据科技型中小企业评价指标进行综合评价所得分值不低于 60 分，且科技人员指标得分不得为 0 分	（一）企业申请认定时须注册成立一年以上 （二）企业通过自主研发、受让、受赠、并购等方式，获得对其主要产品（服务）在技术上发挥核心支持作用的知识产权的所有权 （三）对企业主要产品（服务）发挥核心支持作用的技术属于《国家重点支持的高新技术领域》规定的范围 （四）企业从事研发和相关技术创新活动的科技人员占企业当年职工总数的比例不低于 10% （五）企业近三个会计年度（实际经营期不满三年的按实际经营时间计算，下同）的研究开发费用总额占同期销售收入总额的比例符合如下要求：1. 最近一年销售收入小于 5000 万元（含）的企业，比例不低于 5%；2. 最近一年销售收入在 5000 万元至 2 亿元（含）的企业，比例不低于 4%；3. 最近一年销售收入在 2 亿元以上的企业，比例不低于 3%。其中，企业在中国境内发生的研究开发费用总额占全部研究开发费用总额的比例不低于 60% （六）近一年高新技术产品（服务）收入占企业同期总收入的比例不低于 60% （七）企业创新能力评价应达到相应要求 （八）企业申请认定前一年内未发生重大安全、重大质量事故或严重环境违法行为

（注：内容系笔者根据相关政策文件自制）

　　目前对创业期的概念并没有很好的界定，学术界多对新创期或初创期有不同的界定。新创企业是处于创业发展初期的企业，是创业者通过利用商业机会的价值功能，整合必要的资源所创建的经济实体，并处于自成立至成熟前的早期成长阶段。这里的"早期成长阶段"应当如何认定，学术界至今没有达成一致。以往研究中，常见的界定方式是以创业企业成立的年限作为衡量其生命周期的依据。很多学者将新创企业的创立年限设定为8年，也有学者认为是6年，而全球创业观察（GEM）则认为3.5年为宜。由于科技型创业企业发展速度快，有些企业可能不需要5到8年就可以度过初创期，发展为成熟的大型企业。根据财政部、国家税务总局《关于创业投资企业和天使投资个人有关税收试点政策的通知》，"初创科技型企业"在"接受投资时设立时间不超过5年"。因此，本书认为以固定时限的"新创"或者"初创"一词作为研究对象筛选的条件并不能体现部分科技型创业企业高速成长的特点，以"创业期"作为筛选的条件会更合适。

　　另一种认定方法是从企业规模和效益出发，将初创企业从所有创业企业中筛选出来。2023年，财政部和税务总局联合发布的《关于延续执行创业投资企业和天使投资个人投资初创科技型企业有关政策条件的公告》中认为，初创科技型企业应满足从业人数不超过300人且资产总额和年销售收入均不能超过5000万元的条件。这种认定方法避免了小部分创业企业借助优越的时代特色高速发展，短时间内成为行业龙头企业、标杆企业、瞪羚企业或者独角兽企业，如小红书、字节跳动、小鹏汽车等。

　　通过对比两种企业的不同评价条件可知，科技型中小企业和高新技术企业认定的最低成立年限均少于8年，而目前对创业期的时间界定大多为3年至8年。从科技型企业投入产出的实际情况来看，企业接受投融资到科技产出具有一定的滞后期，一般为1~4年内。因此，结合前文政策文件对初创科技型企业的认定和投入产出的滞后性，本书认为，以成立之日起8年为界，可以更好地让我们了解双元能力和创业拼凑在创业绩效提升中发挥的作用。

　　综上分析，本书认为，科技型创业企业是指成立8年内，拥有一定数量的科技人员，持续从事科学技术研究开发活动，能够取得自主知识产权并进行技术成果转化，且以此为基础开展经营活动的，在中国境内（不包括港、澳、台地区）注册的居民企业。由于本书调研面向的群体为江苏省在册已入库的科技型企业，因此根据企业定义及创业期特点，科技型创业企业应包含两部分企业：成立 1~8 年的科技型中小企业和成立 3 个会计年~8 年的高新技术企业。

二、科技型创业企业资源禀赋

创业资源禀赋是创业企业拥有的资源，为创业企业的生存和成长提供价值。根据创业过程理论，资源是创业过程中最核心的三要素之一。有关创业资源禀赋的研究主要集中在以下两个方面：其一，如何解决创业资源禀赋匮乏带来的问题或优化创业资源禀赋；其二，创业资源禀赋和创业绩效的关系。从解决和优化方式上看，可以通过引入产业资本、提高众创空间服务能力、资源整合、资源开发等方式缓解资源压力。从与创业绩效的关系来看，不同的创业资源禀赋对创业绩效的影响有较大的差异，包括组织文化结构、社会资本、社会网络、先前经验等。本书认为，科技型创业企业的资源禀赋不仅涵盖了部分普适性的创业资源禀赋，更兼具了科技型企业的特点，强调技术在企业生存和成长中发挥的作用。技术是科技型创业企业生存和成长的基础及源动力。根据扎根理论的访谈结果，受访者普遍认为科技型创业企业前期的资金缺口集中在研发环节，因此本书将财务资源纳入技术资源禀赋的一部分，由技术开发的资金投入作为财务资源的主体。同时，研发人员是科技型创业企业技术资源的重要组成部分，其数量和质量都直接决定了科技型创业企业的生存和成长，因此本书着眼于科技型创业企业的特殊性，将技术人员这一概念从人力资源禀赋中剥离，引入技术资源禀赋。

综上，本书认为，科技型创业企业资源禀赋指科技型创业企业所需要的所有内、外部资源，并且由于科技型企业的特殊性，应当将技术资源作为其重要组成部分。

三、科技型创业企业双元能力

双元能力是双元组织理论在创业领域的应用，强调组织必须调整结构并构建开发性创新和探索性创新。有研究认为，开发性创新和探索性创新二者达到平衡才能适应环境的变化。但是，也有研究认为，二者的整合和平衡需要高成本，会对企业绩效产生负面影响。还有学者认为，平衡型的双元会对企业的财务绩效产生倒 U 形影响，且与长期的竞争优势负相关。可见，探索能力和开发能力确实对企业绩效产生了较大的不同影响，且在学界并未达成一致。探索强调对新产品、新知识、新渠道的追求；开发则是对已有事物和现有技术的利用。二者一险一稳，在创业企业的生存和成长中发挥了重要的作用。目前，对双元能力的研究主要集中在对其发挥的中介作用和调节作用的研究上。对科技型创业企业来说，技术、市场等外部环境更迭较快，为适应快速变化，往往需要探索能力来寻找新技术、新产品、新资源，以高风险但可能更高收益的形式提升创业绩效。从市场现实来看，科技型企业比非科技型企业面临的变化更多、风险更多，这在数字企业或者互联网企业中更为常见。开发能力可以从一个相对平稳的角度利用企业内部的资源解决问题提升绩效，这种形式更适合成长期的创业企业。要想更好地提升科技型创业企业的创业绩效，既要充分考虑科技型企业需要不断更新技术的特点，也要满足企业平稳快速发展的需求。

综合来看，本书延续目前学界对双元能力的普遍认知，将科技型创业企业双元能力定义为：在创业活动中，科技型创业企业拥有的两种能够解决科技型企业困境、促进科技型企业发展的不同动态能力，这两种动态能力分别为探索能力和开发能力。

四、创业拼凑

创业拼凑就是将手头资源即刻重新组合，以实现新的目的和开发新的机会。由于能否发现新的机会是创业拼凑的前提，因此创业者和员工的机会识别能力就是影响创业拼凑的先决条件。传统的创业拼凑强调了"手头资源"，并且将手头资源集中在企业自身的资源禀赋上。现在也有学者认为，创业拼凑涵盖的拼凑对象不光包括企业内部的资源还包括企业外部的廉价的可获得的资源。如果这个资源与企业本身的资源类型差异较大，那么也不具备被拼凑的要求。从创业拼凑的研究来看，在初创期，拼凑往往对创业绩效产生正面影响，这一观点已经得到了学界的公认，但是少部分研究显示其影响趋势呈倒 U 形。造成研究结果不同的原因可能是因为研究企业类型的不同、成立年限的不同和所处创业环境的不同等。科技型创业企业先天有对技术研发资源的渴求，且遇到的资源困境主要由技术资源的匮乏造成。所以，在现实中，科技型创业企业进行创业拼凑时会更具有挑战性。

结合科技型创业企业高技术要求的特点，本书认为创业拼凑就是依据现实变化和需要，以缓解本企业资源困境和企业突发危机为目的而进行的对现有资源的即刻重新组合。这里的现有资源应当包含本企业内部资源或外部高性价比的资源。

五、科技型创业企业创业绩效

创业绩效，即创业企业的绩效，其研究广泛而深刻，能够评价创业企业发展的实际情况，也是判断创业是否成功的重要标准。现有研究一般从单一与多维、生存和成长、财务和非财务、主观与客观等多角度对创业绩效进行测量。财务绩效是创业绩效研究中最核心的测度指标，可分为广义财务绩效和狭义财务绩效。前者关注短期的获利情况和长期的企业成长；后者更注重创业企业的获利能力、效率和短期获利情况。与其相对应的是非财务绩效指标，该指标在创业初期可以解决无法获得财务数据的困难，包括满意度、产品质量、研发能力、市场份额等。成长绩效能够在创业初期检验创业企业的竞争优势和发展潜力，因此也被认为是能真正反映新创企业成果的创业绩效指标。现有创业成长绩效分析多集中在主观测量的方法上，一般包含员工增长速度、净收益增长速度、市场份额增长速度等；生存绩效是衡量创业绩效的基础性指标，一般以新创企业是否存活或存活的时间为评价标准。

本书涉及的创业绩效指科技型创业企业自企业成立后 8 年内达到目标的程度，能够反映科技型创业企业发展和成长的实际情况，包括企业的财务绩效和成长绩效，是衡量创业成功与否的标准。

第二节　理论基础

一、资源基础理论

资源基础理论的提出旨在扩大企业的竞争优势，其以"资源"为战略决策的思考逻辑中心和出发点，强调资源和能力对企业战略发展和竞争优势的重要影响。Penrose（1959）最早将企业看成资源的集合，认为人力资源、物质资源等资源要素有助于企业绩效和自身竞争优势的提升。这种企业资源的观点成为资源基础观的基础思想。Wernerfelt（1984）正式提出了资源基础观，他将资源定义为能为组织带来优势或劣势的各种有形或者无形资产的总和，认为企业高绩效的关键在于异质性资源、知识及能力，企业的战略性选择应当基于资源提出。Barney（1991）认为稀缺、有价值、不可模仿且不能被替代的异质性的企业资源是企业获得竞争优势的基础。这类资源不仅包括物质资源，还应当包括组织结构、信息、知识、能力等组织资源和人力资源。至此，资源基础理论正式被构建。

在资源基础理论发展过程中，依次衍生出传统资源基础观、动态资源基础观、知识基础观、资源行动观、资源拼凑理论、资源编排理论等观点。传统资源基础观主要强调异质性资源对提升企业竞争优势的重要作用，但是对资源如何形成、如何获取和配置关键资源并没有详尽的研究成果。这一阶段的资源基础理论发展尚处于理论早期发展阶段，研究成果不多，主要集中在对资源的基础认识和静态资源在企业竞争优势提升中发挥的作用方面，为资源基础理论后续的发展奠定了基础。在早期研究中，资源研究逐渐从产业层面向企业层面转移，从组织外部向组织内部转变。该阶段发展的部分主要研究成果见表2-2-1。

随着资源基础观的发展，学术界关于资源基础理论内涵的研究越来越多，很多无形资源被纳入资源基础理论体系之中，研究对象也逐渐由静态资源向动态资源过渡。Teece等（2007）对动态能力的理论构建是资源基础观从静态视角研究异质性资源向动态视角改变的转折点。动态能力基础

表 2-2-1　资源基础理论早期发展主要研究成果

时间	作者	主要成果
1984	Wernerfelt	资源指任何可以为公司带来优势或者劣势的（有形和无形）资产，包括：品牌名称、内部技术知识、雇佣技术人员、贸易联系、资本等
1986	Barney	企业的绩效不仅取决于战略决策，还取决于实施这些战略的成本，即获得实施战略所需资源的市场
1989	Dierickx 和 Cool	关键资源是在"战略要素市场"中积累的而不是获得的。公司资产的可持续性取决于资产的可替代性和可模仿性
1991	Grant	战略管理和公司理论的相关研究可以被合并统称为"基于资源的公司观"，企业的战略基础是企业的内部资源，而不是市场环境；企业竞争力的差异主要是由资源配置和利用能力决定的
1992	Kogut 和 Zander	企业相比市场更有利于组织内知识的共享和转移，包括信息和专有技术。如果知识只掌握在个人手中，就需要通过员工流动来改变。这为知识资源的研究奠定了基础
1993	Amit 和 Schoemaker	将公司视为资源和能力的集合，把能力从资源概念中划分出来
1997	Teece 等	将动态能力从环境资源中分离，认为企业的竞争优势取决于协调和组织资源的方式，最早构建了动态能力分析的框架，提出了动态能力理论

（注：内容系作者归纳整理）

观的发展是成长阶段资源基础理论发展的主要内容。一般来说，动态能力可以划分为内部的机会识别能力和外部的机会利用能力两个维度。也有研究认为，动态能力可划分为产品开发能力、联盟能力与战略决策能力。Helfat 和 Peteraf（2003）认为动态能力具有动态性和适应性两个特点，能够构建和配置其他资源和能力。Teece（2007）认为动态能力包含感知威胁或机遇的能力、把握机遇的能力、整合多种资源的能力，认为动态能力与组织内部的各环节关系紧密。

除了动态能力观的发展，以过程为导向的资源行动观也逐渐兴起。传统的资源基础观从静态分析的视角对企业资源进行了一个基本的划分，动态能力观从动态的角度强调了资源获取和整合的动态性行为。虽然这两种观点都阐释了资源与企业竞争优势的关系，但是资源的形成与资源配置的

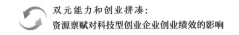
过程和机制问题并没有得到解决。于是聚焦企业资源行动的影响因素和路径的研究逐渐增多，基于资源行动观的资源拼凑理论和资源编排理论也应运而生。

资源拼凑理论针对的是企业资源短缺和能力有限的情况，聚焦于将异质性资源进行再创造的过程研究。资源拼凑理论的建构是为了解决"新生弱小"的问题，强调了拼凑的三个要素："手头资源"、"即刻行动"和"发现新机会"。资源拼凑要求企业对手边现有的资源通过利用和拼凑重构进行即刻的行动，以发现解决新生企业资源困境的新机会，打破资源诅咒，使新生企业能够稳步成长。由于资源拼凑理论的研究对象是新生企业，所以它从诞生之初就被引入了创业领域，目前结合创业发展的特点，衍生出了"创业拼凑"的概念。创业拼凑强调重新组合原本并不重要的资源，通过对这些资源的创新性使用来提升创业企业的绩效。创业拼凑理论的产生很好地解释了为什么有些资源匮乏的新创企业仍然能够获得较好的发展甚至创业成功。创业者资源的拼凑能力和企业家精神对创业拼凑的成功与否具有非常重要的作用。虽然拼凑在一定程度上可以缓解企业在创业初期可能遇到的资源瓶颈，但是对资源的过度依赖可能会对创业绩效有负向影响。Sirmon 等（2007）提出动态资源管理模型，对动态资源战略对企业价值创造的影响进行了分析。随后 Sirmon 等（2011）又从过程视角提出了资源编排理论（resource orchestration theory），强调了管理者在组织资源整合中发挥的作用，探索了资源编排和企业生命周期之间的关系，尝试解决企业如何通过对资源组合的编排来适应外部环境。资源编排理论在理论上阐释了资源转化为价值的过程。资源编排模型涵盖的流程、流程间的协同及编排流程与情境的动态匹配，构成了资源编排理论的核心。除了关注动态能力在资源组合利用中发挥的作用，资源编排理论和资源拼凑理论都强调了管理者对资源的主观能动作用，这也是过程视角的资源基础理论的基本特点之一。资源编排强调管理者的有效管理应当同时关注资源组合的构建和资源能力的形成与利用，并且关注资源编排行为和企业当时所处情境的匹配度。

资源基础理论（尤其是其中的创业拼凑理论）为本书分析创业企业的拼凑行为对创业绩效的影响提供了理论视角。该理论在新发展阶段融入了过程视角和动态能力观后，更加强调创业者（管理者）在资源整合和利用中发挥的重要作用，为本书提供了有力的理论支撑。

二、创业过程理论

20 世纪 80 年代中后期，不少学者开始将目光聚焦于回答两个问题，①创业企业是如何产生的；②创业企业是如何成长和发展的。创业企业从产生到成长的过程研究可以帮助创业者吸取经验并提升创业成功的概率。

Gartner（1985）最早描述了创业过程的四维框架，为分析创业过程提供了方法，见图 2-2-1。该模型对环境、个人和同一类型的创业者、过程和组织之间的关系进行了构建。他强调具有专业知识的一类创业者是创业过程中最重要的因素。这些创业者往往具有高成就需要、高控制欲和冒险倾向，并且有与非创业者不同的个人特质。同时，通过这四个因素之间的相互作用，辅以创业环境、组织结构和战略选择的影响，创业过程的研究开始趋于深入。在 Gartner 的四维框架中，每两个因素之间都有相互作用的痕迹，展示了创业过程的复杂性和多样性。但是，该框架并未解决企业是如何建立的问题，也没有解决创业成长中可能出现的问题。

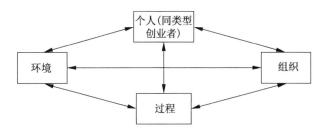

图 2-2-1　Gartner 的四维创业过程模型

（注：内容系笔者根据文献 *A Conceptual Framework for Describing the Phenomenon of New Venture Creation* 翻译整理）

美国百森商学院的 Timmons（1999）指出创业机会、创业资源和创业团队是整个创业过程中最重要的三个因素，且它们之间相互作用、相互平衡，并以此形成了创业过程模型，见图 2-2-2。

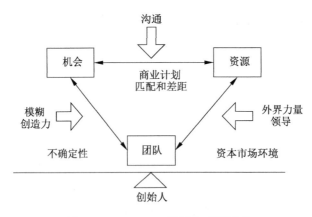

图 2-2-2 Timmons 的创业过程模型

（注：内容系笔者根据文献 *New Venture Creation：Enterpreneurship for the 21st Century* 翻译整理）

他认为这三个重要的因素应当在整个创业活动中不断发展并达到平衡。机会是整个创业过程启动的钥匙，也是创业的核心关注点，对创业机会的识别和评估是一切创业活动开始的起点。同时，他认为创业资源是创业企业续存与发展过程中的关键性要素，对提升创业企业绩效有着直接的影响。而合理的资源配置也需要创业者或者创业团队制定相应的战略决策。创业过程可以描述为当有合适的创业机会时，创业者识别创业机会后组建创业团队，同时创业团队还应当获得创业所需要的资源，从而实施创业计划。在这个过程中，创业者或者创业团队必须善于学习、有一定的创造力且具有高超的领导能力和沟通能力，以及具备能够在不确定的环境中准确识别创业机会的柔性和韧性。根据 Timmons 的创业过程模型，创业者作为平衡关系的主要推手，其领导力、创造力和沟通力在整个创业过程中发挥着协调控制的重要作用。创业初期，创业机会往往多于创业资源，倒三角关系向左边倾斜，需要创业者在其中引领创业团队，在不确定的环境中以创业机会为导向，尽可能获取资源或进行资源的配置，以取得机会、团队和资源三者的平衡。在创业成长的过程中，创业资源逐渐丰富，甚至开始出现资源冗余，而创业机会可能会由于创业领域等各方面的限制而减少，倒三角关系开始向右边倾斜。此时，创业者必须尽可能地寻找新的机会，通过识别外部机会或者自身创新等方式及时调整机会与资源的关系，尽可能实现二者的平衡。

近几年，可持续创业成为研究关注的话题。Belz 和 Binder（2017）提出了可持续创业过程的六阶段模型，见图 2-2-3。他们认为可持续的创业过程按照发展流程应包括：识别生态问题或社会问题；识别生态机会或社会机会；从生态和经济的角度找到解决方案或是从社会和经济的角度找到解决方案；开发三重底线解决方案；资助并组建可持续企业；创造或进入可持续市场。创业企业在创业初期识别问题和机会时，应当与社会现实和生态问题紧密联系。萌生创业想法的初期，在社会普遍要求可持续发展的背景下，创业者可以进行以预防为主的自我调节；而在推广阶段，创业者往往在创业过程中进行以促进为主的自我调节。

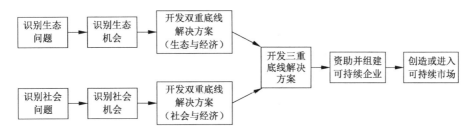

图 2-2-3　Belz 和 Binder 可持续创业过程的六阶段模型

（注：内容系笔者依据文献 *Sustainable Entrepreneurship：A Convergent Process Model* 翻译整理）

上述三种常见的创业过程模型都强调了创业者的主观能动作用，也强调了环境的不确定性在其中发挥的作用。Gartner 没有将创业萌发期纳入创业过程，而 Belz 和 Binder 将创业企业进入市场后的可持续发展也纳入了创业过程。这种关注可持续发展的角度也顺应了创业领域目前研究的热点。

本书结合 Timmons 的经典创业过程模型认为，在创业初期，创业资源的缺失会增大创业的不确定性，因而是阻碍创业成功的主要因素。为了能适应创业环境的高风险性，创业者应当充分发挥自己的网络背景、双元能力等，通过资源整合拼凑等行为，以多途径的方式，快速改善由创业资源困境导致的不平衡现状，从而实现创业企业绩效的提升和可持续发展。

三、组织双元理论

Duncan（1976）首次提出组织双元的概念，指出可以通过双元型组织结构解决管理过程中的两个悖论问题，即"组织生产率悖论"和"组织创新悖论"，主要用于解决组织间的各种矛盾。该研究认为，企业要想适应复杂环境中的不同变革，就要从有机式和机械式两个方面入手，既要应对外部变革的挑战，又要注重组织现有的绩效。这种哲学悖论和辩证思维结合的理论与中国的"阴阳"思想类似，能够很好地解决复杂多变的组织行为。

双元理论真正被广泛接纳源于 March（1991）从组织学习的视角提出双元能力——探索与开发的概念。他从组织学习的角度出发，认为探索和开发是组织的两种不同类型的学习活动。探索指企业对新领域的拓展，强调企业的持续性竞争优势；而开发更注重利用企业现有的资源和知识等取得短期的绩效。将探索和开发两种组织学习能力进行平衡的方法打破了人们的固有认知，学界开始不再认为遇到管理悖论和管理矛盾时，处理方法必须非此即彼，而是选择一种能平衡的方式既可保证企业的短期绩效又能更好地提升企业未来的竞争优势。要想在探索与开发两个行为中通过平衡获得成功，就需要组织拥有不同的资源和能力。作为组织双元理论研究的切入点，探索和开发的关系研究成为组织双元理论研究的重点。两者不仅是新与旧的矛盾关系，更是相互促进以提升可持续竞争优势的关键。

组织双元理论认为，在动态复杂的环境中，组织存在各种矛盾。不同的学者从不同的角度对组织双元问题进行了探索。基于行为角度，情境型双元将"双元"的概念划分为一致性导向和适应调整性导向。前者指组织活动中所有活动的一致性，参与者工作的目标是一致的；后者强调组织迅速适应环境的变化并且进行工作的适度调整。情境型双元认为组织管理者或者员工应当具有一定的双元思维和能力，并通过设计情境促使组织成员在探索和开发这两个活动之间进行平衡，以此引导企业进行双元创新。情境型双元强调组织的成员在组织中发挥的作用，认为组织的管理者，不论是高层管理者还是基层管理者，都应当构建情境型的组织结构，使组织员工能依据情境进行有效的协调和配合，以此进行优势的互补，实现组织的双元管理。基于结构视角，O'Reilly 和 Tushman（2004）在研究中提出了结构型双元的概念，认为组织的结构都是自上而下的。同时他们认为，组织中应该有一部分规模较大的部门主要从事开发的工作，办公文化保守；而另外一些相对较小的部门应当从事探索的工作，办公文化轻松自由。同时，只有高层管理者和关键的责任人才必须具备双元能力，其他的员工只需要做好管理者安排的本职工作。两位学者通过对 15 个组织进行案例研究发现，当双元能力集中在结构独立的高级管理层时，企业的竞争优势和绩效会更佳。也有不同的观点认为，双元组织中探索和开发部门在空间上相互是分离的，完全不应当互相"干扰"。结构型双元与情境型双元不同的地方在于，结构型双元更强调组织结构中不同部门职责设置的差异及最高层管理者的双元能力；而情境型双元则认为管理者和员工都应当具备双元能力。Raisch 和 Birkinshaw（2008）提出了领导型双元的概念，认为高层管理者设定组织情境，并且不论在结构型双元还是情境型双元中都处于领导的地位，对其他组织成员的态度和行为产生较大影响。因此，与结构型双元和情境型双元相比，领导型双元更关注高层管理者或者管理团队在组织双元中发挥的重要作用，认为高层管理者的双元能力可以直接影响企业的战略发展。从矛盾思维视角出发，高层管理层的格局、职能异质性、学术经历、激励性行为等均对企业的双元创新有正向影响。

经过多年的研究与发展，组织双元理论逐渐在战略管理、创业管理、人力资源管理等多领域被广泛运用。有关能力视角的研究逐渐增多，这些研究认为双元性并非一蹴而就，需要组织在探索和开发之间进行平衡，并且努力构建。在能力视角下，探索能力强的企业一般创新行为较多，能够在多变的市场环境中通过冒险、实验、柔性等能力突破组织发展的困境，发现组织发展的机遇，并为组织带来良好的持续性竞争优势。由于探索能力风险性较高，虽然它可能会有助于企业新的发展态势，但是存在一个阈值，有可能破坏组织内稳定的关系和合作满意度，也有可能为组织带来成本过高、风险较大和破坏合作关系等问题。开发能力与探索能力相比稳定性更强，它建立在已有的知识、资源、技能等基础上，通过提炼、强化、运行、复制等活动使组织绩效得以提升，有助于组织内成员间关系的稳固和高满意度。在不确定性较强的环境中，探索和开发这两种能力能够应对顾客需求的变化和竞争力量的此消彼长。而如何将二者合理配置，解决已有的开发能力和新的探索能力之间的矛盾一直以来都是组织柔性研究中关注的重点。

创业初期，创业者或创业团队的双元能力是解决创业困境的有效方式。科技发展日新月异，如何切实发挥创业者或创业团队的双元优势以提升科技型创业企业的创业绩效是本书探讨的重点。

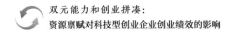 ## 第三节　本章小结

本章对创业资源禀赋、双元能力、创业拼凑和创业环境的内涵及其与创业绩效关系的相关研究进行了梳理，并对本书的理论基础进行了阐述。

本章首先对本书涉及的关键概念进行了如下界定：① 科技型创业企业包含两部分企业：成立 1~8 年的科技型中小企业和成立 3 个会计年~8 年的高新技术企业；② 科技型创业企业资源禀赋指科技型创业企业所需的所有内部与外部资源，并且由于科技型企业的特殊性，应当将技术资源作为重要的组成部分；③ 创业绩效是指科技型创业企业自企业成立 8 年内达到目标的程度，能够反映科技型创业企业发展和成长的实际情况，是衡量创业成功与否的标准；④ 双元能力是指在创业活动中，科技型创业企业拥有的两种能够解决科技型企业困境、促进科技型企业发展的不同动态能力，该动态能力分为探索能力和开发能力；⑤ 创业拼凑就是依据现实变化和需要，以缓解本企业资源困境和企业突发危机为目的而进行的对现有资源的即刻重新组合，应当包含本企业内部资源或外部高性价比的资源。

从理论基础方面来看，资源基础观强调了资源的重要性，尤其是那些核心的、异质性的资源在企业创业期发挥的重要作用。作为创业活动开展的基础，创业资源禀赋的重要作用贯穿于整个创业过程。创业过程理论从创业者个人或团队、创业机会、创业资源三个角度出发，强调在创业过程中要尽可能保持三个因素间的平衡，为创业研究开辟了新思路。同时，创业过程理论强调创业资源的重要性和环境的不确定性，认为创业者应当具备超强的学习能力、领导能力和创新能力，以应对随时可能出现的环境变化并做出适合的战略调整。三个因素之间的平衡离不开创业双元理论的支撑。双元理论产生的原因和目的是为了解决管理悖论，化解在管理中面临的各种矛盾。结合创业过程理论可知，双元能力是创业者平衡机会、团队和资源的重要抓手。科技型创业企业的高技术性和高风险性都对创业者的双元能力提出了较高的要求。因此，探索能力和开发能力在其中发挥的作用也将是本书关注的重点。本章为下一章质性研究的开展奠定了基础。

第三章

科技型创业企业资源禀赋对创业绩效影响的质性分析

本章对案例企业进行了半结构化访谈，并基于扎根理论对访谈数据进行了三级编码。研究通过开放性编码、主轴编码和选择性编码得出了主范畴、核心范畴、典型关系结构、故事线及理论框架，为后续实证研究的开展提供了理论依据与现实支撑。

第一节 研究设计

一、研究方法

要探索科技型创业企业双元能力和创业拼凑在创业资源禀赋和创业绩效关系中发挥的作用，首先要明确科技型创业企业的特殊性。科技型创业企业通常是知识密集型企业或知识与技术双密集型企业，其对知识、人才等因素具有较高的要求，这与现阶段不分领域的创业绩效研究有一定的区别。

扎根理论是一种基于实际观察及经验资料的不断系统分析与归纳的质性研究方法，也是目前在社会科学领域被广泛使用的定性研究方法，由Glaser和Strauss在20世纪60年代末提出。运用扎根理论进行研究时，研究者需通过各种途径收集资料，经过观察和归纳整理提炼出所需的范畴和概念，然后寻找这些概念之间的关系以构建相关的理论。需要注意的是，在这个"自下而上"的研究过程开始时，研究者并不需要对研究做出假设。Glaser（1978）认为，扎根理论的编码包括实质编码和理论编码，并且在研究开展时不应当有任何假设。他认为原因、环境、权变、结果、协变量和条件是理论构建的分析模式。但是他并没有给出扎根理论运用的规范。随着扎根理论的发展，Strauss发现完全不预设的研究并不利于研究的深入进行，也不能更精确地解决研究者想要解答的问题。所以Strauss和Corbin（1990）在《质性研究的基础：形成扎根理论的程序与方法》一书中将扎根理论的编码部分分成了三个步骤：开放性编码、主轴编码和选择性编码。同时，他们认为部分预设的问题可以帮助研究者更科学、更精准地开展研究。对原始资料不断推演、分析和归纳，可以保证最终形成的理论构建与社会现实能充分吻合。因此本书拟运用扎根理论，对科技型创业企业的创业资源禀赋、双元能力、创业拼凑和创业绩效之间的关系进行探索，以形成四者关系的模型。

为了真正了解具有科技型创业企业领域特点的各变量内涵和关系，本章将采取如下研究方法：首先，通过与科技型创业企业的创业者和管理者进行深度半结构化访谈来确定科技型创业企业的资源禀赋、核心环节、对待创业拼凑的态度和双元能力，基本厘清双元能力和创业拼凑对创业绩效的影响；其次，整理收集的相关材料，依次对其进行开放性编码、主轴编码和选择性编码。最后，进行理论饱和度检验，并对案例进行进一步分析，构建创业资源禀赋、双元能力、创业拼凑和创业绩效关系的故事线。

二、案例企业的选择

本书于 2021 年下半年对江苏省苏南地区某市 3 家科技型创业企业进行了深度调研和半结构化访谈。由于企业所处外部环境基本一致，这尽可能地减少了因经济、政治、文化差异造成的影响。通过这些调研内容及访谈资料，我们可以进一步了解科技型创业企业资源禀赋、双元能力、创业拼凑和创业绩效之间的关系。

选择 A 网络科技有限公司、B 网络科技有限公司和 C 机器人科技有限公司 3 家科技型创业企业作为研究样本，主要基于以下 3 个原因。第一，已有研究发现，处于不同阶段的创业企业在面对资源困境时采取创业拼凑的方式和效果并不相同，能否在各阶段提升创业绩效也存在一定的争议。为了能够发现可能存在的不同创业阶段的创业拼凑与创业绩效的关系，选取的 3 家企业创业时间分别为 6 年、3 年和 2 年，分别处于科技型创业企业新创阶段的后成长期、前成长期和初创期，涵盖不同成立年限将使研究更具体，更能反映出不同阶段的差异。第二，不同的科技型创业企业所处地域和环境的不同将会造成相应创业扶持政策的较大差异。因此，所选择的 3 家科技型创业企业均落户在同一城市，且均处于省级创业园区，企业所处外部创业环境基本一致，相配套的创业政策一致，创业园区提供的服务内容一致，人才市场基本一致。该市是长江经济带重要节点城市，拥有省级以上科技孵化器 34 家，省级以上众创空间 35 家，创新创业发展如火如荼。第三，科技型创业企业涉及的领域较多，不同领域的企业面临的市场会有较大的差异，创业所需要的资源禀赋也各有差异。因此，本书所选取的 3 家企业面向的主要客户群体各不相同，使研究最大程度地贴近现实，排除领域的单一化，使研究更具有普适性。其中，A 网络科技公司以承接政府项目为主；B 网络科技公司以承接上市公司项目为主；C 机器人科技公司以承接中小企业一般定制化服务项目为主。不同的客户群体使创业企业面临着不同的资源困境，这些企业在是否创业拼凑和如何创业拼凑上也有不同的见解和方法。

A 网络科技公司（以下简称 A 公司）成立于 2015 年，是具有完全自主知识产品的 RFID（Radio Frequency Identification，射频识别）技术企业，已被认定为科技型中小企业，处于创业成长期。公司目前拥有 6 个软件著作权和 2 个发明专利，作品涵盖防伪咨询、防伪技术开发、防伪标签制定、RFID 溯源系统、RFID 仓储管理系统等。目前，该公司与所在市国土局、网信办、自然资源和规划局等政府部门，以及莱绅通灵、江苏银行、镇江农商银行等企业有长期的项目合作，并为 2020 年江苏省网络安全事件应急实战演练提供技术支撑。

B 网络科技公司（以下简称 B 公司）成立于 2018 年，已被认定为科技型中小企业，目前处于创业初期。公司以向 AI（Artificial Intelligence，人工智能）企业提供"数据原料"为理念，提供全球主流语种处理及特种数据技术服务，目前拥有上百支国外团队、12 个方言区办事处，具备 50 国外语和国内 9 大方言数据处理能力。该公司已先后与公安、国安部门，以及字节跳动、科大讯飞、百度、好未来等知名企业达成战略合作，形成持续稳定的供需关系，年收益已达千万。

C 机器人科技公司（以下简称 C 公司）成立于 2020 年，已申请认定科技型中小企业，目前处于创业起步阶段。公司主要业务是：为客户定制自动化单机设备及生产线，以完成客户特定生产要求；为客户开发过程控制系统，对现场温压流等数据进行采样分析并生成数据报表；为客户提供基于物

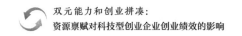
联网技术的云平台服务系统；为用户现场设备提供软件维护服务。该公司已有 4 项授权发明专利，6 名员工均为专业工程师且从业 10 年以上。

三、访谈提纲设计

访谈是运用扎根理论过程中常见的收集资料的方式，可以让研究者更好地了解研究对象的真实想法，从而减少脱离实际的机械化数据分析。根据扎根理论的一般要求，预设部分问题的访谈会更有利于研究的发展，因此本书的访谈采取半结构化形式进行。为了保证研究方法运用的科学性，同时保证访谈内容更贴近本书的聚焦点，访谈提纲不涉及具体问题但具有一定的引导性，尽量让受访者愿意阐述自己的观点并介绍相关的行为及结果。相似的访谈提纲可以很好地保证研究的一致性。因此，为了保证研究的科学性、引导性和一致性，相关文献整理后形成半结构化访谈提纲，具体见附录一。在访谈过程中，以基本访谈提纲作为访谈开展的主线，并可根据受访者实际的思路进行访谈话题的调整。

四、数据收集过程

本书通过多种渠道获取研究案例的信息和数据。资料来源包括：① 对案例企业创业团队、创业者或高管进行面对面访谈；② 案例企业主流媒体报道、企业官网、微信公众号和其他网络资源披露的相关发展历程、代表事件；③ 对案例企业和企业所属园区进行实地走访参观，进一步了解企业相关信息。在研究过程中，笔者通过将数据互证，来提高案例数据的真实性，从而保证案例分析的信度和效度。为了保证调研数据的科学性，基于扎根理论的多案例研究面向的对象是成立年限不超过 8 年，均处于省级创业园区的科技型创业企业。在创业过程中，创业企业面对的外部环境（包括扶持政策、基本物质资源等）基本一致。这样可以尽可能避免因随机因素和外部环境因素造成的资源禀赋的差异和创业行为选择的不同。

在访谈开始前，笔者对案例企业的相关信息进行搜索整理，尽可能地了解案例企业的创业故事。同时，笔者联系案例企业的部分员工进行交流，摸清了企业的大致状况，如收益、部门设置、人员结构等，并由员工帮助与其公司高管或公司创业者预约访谈。为了保证访谈过程中受访者不会带入过多个人情绪和看法,笔者在每个公司内选取了包括总经理或创业者、部门总监和项目主管在内的不少于 5 人作为访谈对象。访谈阶段的访谈小组由 2 名博士生和 1 名硕士生组成。访谈中 1 名博士生依据访谈提纲和现场变化进行主要提问和引导性发言,其他 2 位成员进行补充提问和记录工作。在访谈开始前,访谈小组向受访者说明访谈主要涉及的内容、相关的概念解释、访谈的用途、访谈的耗时,并在征得同意的情况下对全部或部分访谈内容录音。访谈开始前的说明环节可以帮助受访者具体了解受访的问题,以免出现不理解的情况。在访谈后,小组成员集中回忆访谈过程,将笔录内容和录音内容同时整理,形成完整的访谈记录。对出现表述不清楚的内容,笔者与受访者再次取得联系,对内容进行补充和追问。为了验证访谈内容的真实性,访谈小组通过网络平台对受访企业的信息进行了深入探究,并与受访企业所在的创业科技园区负责人进行沟通,还与部分和受访企业相关的企业及朋友进行了部分信息的佐证。将最终的访谈信息汇总后,访谈小组还将其保存、加以标注。本次访谈共涉及 3 家典型的科技型新创企业,深度访谈持续时长与补充介绍时长相加后每个受访企业的受访总时长均超过 1 个小时,其中最长时长为 128 分钟,最短时长为 86 分钟。此次访谈共收集访谈资料 15 份,整理后的文字材料共计 44825 字。为保证后续理论饱和度的检验,笔者将其中 10 份材料用于编码,5 份材料用于检验。

第二节 基于扎根理论的研究过程

一、开放性编码

开放性编码是扎根理论进行编码的第一步,要求对材料和数据进行全面的了解,并且对原始资料进行不断抽象和同义的编码转换,使原始数据中蕴含的初始概念得以自然涌现。在编码的过程中,可以找出概念之间的逻辑关系,进而形成相对抽象的概念范畴。在这一阶段,应当深度挖掘材料,但要避免对原始材料进行臆想式推断。对有异议的材料要尽可能通过反复分析和补充式访谈还原原始材料的本意,避免将被试者和研究者的主

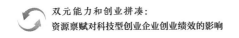
观定势和个人情绪代入编码。

在这一阶段，笔者将前期网络数据收集的资料和访谈资料进行整理，剔除访谈录音中的无效语气词、无意义过渡句后形成最终的待编码资料，然后按照编码的规则和要求对一手资料进行拆解。在编码过程中，为保证编码具有良好的信度，由两组不同的访谈小组成员先进行背靠背编码：使用 Nvivo11.0，将资料中所有语段进行贴标签处理，尤其对口语化明显的、有交叉意义的内容贴多重标签，形成概念。综合两组编码结果，笔者删除节点少于两个的概念，同时对前后矛盾的编码进一步分析归纳或删除，最终形成初始概念 56 个、初始范畴 26 个。随后，笔者用数字对初始概念编号，以 A1—A26 标记初始范畴编码，根据资料分析得出概念及初始范畴。形成的开放式编码详见附录二。

二、主轴编码

主轴编码是扎根理论的二级编码，强调从经验现象描述到概念分析，是对开放性编码中范畴与范畴之间的类属进一步区分、聚焦和凝练，并形成各种相应联系的过程。它通过新的方式对开放性编码得到的初始范畴重新排列，并归纳总结其中潜在的逻辑关系。

本阶段将 26 个初始范畴进行编码分析，提取主、副范畴，并梳理其中的逻辑关系。副范畴以 AA1—AA13 编号，主范畴以 B1—B5 编号。表 3-2-1 将主轴编码形成的副范畴和主范畴进行了归纳。

表 3-2-1　主轴编码形成的主范畴、副范畴及关系内涵

主范畴	副范畴	初始范畴	关系内涵
B1 创业资源禀赋	AA1 员工学历	A1 员工以无经验为主	核心技术人员的经验需求较高，其他员工无经验要求
		A2 核心人员经验丰富	
	AA2 员工经验	A3 工作经验与待遇成正比	员工的工作经验会影响企业的支出
	AA3 企业关系	A4 企业间员工交流多样	企业间关系通过员工交流和项目合作实现
		A5 企业是主要合作对象	

主范畴	副范畴		初始范畴	关系内涵
B1 创业 资源禀赋	AA4	政府关系	A6 企业与政府关系密切	政府对创业企业的发展有积极影响
		高校关系	A7 高校与企业互惠互利	校企合作对创业企业的发展有积极影响
	AA5 技术关系		A8 创业资金获取多样化	技术支撑对创业企业的发展具有积极影响
			A9 技术人才支持政策丰富	
			A10 技术是核心	
			A11 专利成果丰富	
B2 双元能力	AA6 能力作用		A12 销售和管理影响企业生存	能力影响创业生存绩效
			A13 员工素质能力多样	员工不同能力影响创业绩效
B3 创业拼凑	AA7 共享员工		A14 共享员工优势大	共享员工能帮助提升企业发展，同时带来部分负面影响
			A15 共享员工有部分劣势	
	AA8 资源危机缓解		A16 企业发展缓解资源紧张	创业过程中严重资源匮乏现象会消失
	AA9 缓解压力		A17 多种方式应对危机	通过对内外资源的有效配置缓解资源带来的压力
			A18 内外同时应对资源危机	
	AA10 高性价比资源		A19 高性价比资源可缓解资源困境	企业更愿意使用便宜好用的资源缓解资源困境
B4 环境	AA11 社会环境		A20 政府与企业互惠互利	外部环境帮助缓解资源困境
			A21 社会环境变化不利于企业发展	
			A22 产品更新慢	
B5 创业绩效	AA12 稳定		A23 员工流动率低	企业发展相对稳定
			A24 创业初始团队稳定	
			A25 企业行业环境稳定	
	AA13 绩效		A26 企业经济效益与社会效益良好	企业绩效良好

（注：内容系笔者编码整理）

三、选择性编码

将主轴编码系统分析后选择一个核心范畴，这个"核心化"的过程是对范畴的宽泛化归类，要能够将绝大多数的范畴囊括进理论范围中。主范畴频繁地出现在资料中，并与所有范畴有密切的联系。本书在该阶段凝练并提取了研究的故事线，认为不论从员工、企业间、企业与政府、企业与高校的关系角度出发，还是从创业企业对员工能力的需求角度考量，皆主观或被动地解决了创业企业的资源困境。因此，本研究以"创业资源禀赋对创业绩效的影响"为核心范畴，围绕该核心范畴衍生了创业资源禀赋、双元能力、创业拼凑、环境和创业绩效 5 个主范畴，创业资源禀赋对创业绩效的影响是一个复杂的过程，这 5 个主范畴的典型关系结构包括如下几个方面：创业资源禀赋通过双元能力影响创业绩效；创业资源禀赋通过创业拼凑影响创业绩效；创业资源禀赋、双元能力（创业拼凑）与创业绩效的关系；环境能够调节创业资源禀赋、双元能力和创业拼凑与创业绩效的关系，具体内容见表 3-2-2。图 3-2-1 展示了创业资源禀赋、双元能力、创业拼凑对创业绩效影响的故事线。

表 3-2-2　选择性编码形成的关系结构

核心范畴	典型关系结构	关系结构的内涵
创业资源禀赋对创业绩效的影响		科技型创业企业的创业资源禀赋对创业绩效有影响，同时创业资源禀赋通过双元能力进一步影响创业绩效
		科技型创业企业的创业资源禀赋对创业绩效有影响，同时创业资源禀赋通过创业拼凑进一步影响创业绩效
		科技型创业企业的创业资源禀赋对创业绩效有影响，同时创业资源禀赋通过双元能力和创业拼凑的链式中介作用影响创业绩效
		环境作用于创业资源禀赋通过双元能力影响创业绩效的路径

续表

核心范畴	典型关系结构	关系结构的内涵
创业资源禀赋对创业绩效的影响	环境 创业拼凑 创业资源禀赋 → 创业绩效	环境作用于创业资源禀赋通过创业拼凑影响创业绩效的路径

（注：内容系笔者根据扎根理论分析结果自制）

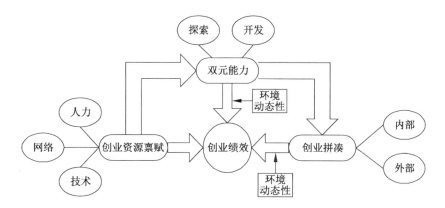

图 3-2-1　创业资源禀赋、双元能力、创业拼凑对创业绩效影响的故事线

（注：内容系笔者根据扎根理论分析结果自制）

四、理论饱和度检验

为了保证理论构建的饱和度，本书使用余下的 5 份访谈记录，译码小组采取背靠背的方式再次进行三级编码的步骤。结果显示，创业资源禀赋、能力、资源配置、环境和创业绩效 5 个主范畴均未发现新的范畴和关系，且基本可以被前期研究得出的概念涵盖。这表明前面的编码分析过程得到的创业资源禀赋对创业绩效的影响关系稳定，编码过程达到理论饱和。

📖 第三节　案例阐释

通过扎根理论的分析归纳和筛选，共形成 56 个初始概念，26 个初始

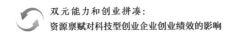
范畴、5 个主范畴，并对创业资源禀赋、能力、资源配置、创业绩效之间的典型关系结构进行了分析，形成了核心范畴和创业资源禀赋对创业绩效影响的故事线。

创业资源禀赋贯穿于科技型创业企业的整个创业过程，为创业绩效的提升提供基础保障。在访谈中，3 家企业的 15 位受访者均认可创业资源在企业发展中发挥的作用。B 企业人力资源总监反映"公司从成立之初至今，绝大多数员工都是通过校园招聘的渠道进来的，这既保证了应聘人员的学历又保证了他们的基本学习能力，但是有个问题，就是这些应届毕业生没有工作经验"。说明 B 公司在招聘的时候很看重学习能力，同时又很渴望有经验员工的加盟。C 公司创始人认为"对于新公司来说，不可能招到足够多的技术人才，虽然我们真的很想招到研发人员"。可见，技术经验也是科技型创业企业关注的资源禀赋。这一点也得到了 A 公司总经理的认可，"如果能有机会招到有工作经验的，尤其是有技术研发水平的人才，我们肯定会优先录用"。根据对参与访谈的企业的调研和对他们所在的不同创业园区的走访，笔者发现绝大多数的科技型创业企业主要通过校园招聘的方式录用新员工，且它们普遍认为应届毕业生在学习能力上的优势远大于他们在经验上的劣势，对无经验但学习能力强的应聘者应持有包容的态度。然而对度过艰难初创期的科技型创业企业来说，它们招聘时较为看重经验和技术，例如 A 企业。从访谈材料来看，10 份语料中都清楚地强调了技术研发的核心地位或技术研发人员的重要。说明对于科技型创业企业来说，技术研发人才、能力、资金和成果等是企业的重要资源禀赋。A 企业财务总监在访谈中也透露了"引进更专业的人意味着我要花更多的钱"的忧虑。综合来看，科技型新创企业很可能因为初期资金上的匮乏而无力支付经验丰富和技术能力更强的人才的工资。B 企业人力资源总监在谈到应届毕业生愿意应聘该企业的原因时认为，一方面成熟企业的招聘条件更为苛刻，另一方面创业公司整体氛围更好。这个观点得到了 C 公司总经理的验证，"我们会为来的员工提供更好的发展平台，他们可以施展自己的才华，甚至做得好的员工我们可以合伙"。说明科技型创业企业自身的成长性可以带动企业员工一同成长，宽松的工作氛围也得到了员工的普遍认可。从社会资源来看，接受访谈的企业均为省级创业园区或省级众创空间的科技型中小企业，员工和管理层均普遍反映创业园区内各企业之间关系良好、联系密切，并且通过园区或众创空间管委会组织的沙龙活动加强了不同企业间的了解和联系。B 企业和 C 企业的主要客户群体均是公司，且 C 企业总经理说，"我们有的项目就是其他合作的公司给我们介绍的，这个就是一个介绍一个，跟你们买东西一样，口碑好了，我的关系网就出来了"，说明与其他公司的良好关系是科技型创业企业的优质资源。政府与科技型创业企业的关系也很密切，除了政策扶持力度大直接影响科技型创业企业的发展方向外，"数字政府"的建设也拉近了政府和科技型企业的距离。"一网通办"和"一网统管"的发展趋势离不开政府和科技型企业的合作。A 企业的网络安全系统服务项目就是这种因政策联系更加紧密的典型案例。加强产学研合作既是科技型企业发展的需求，也是高校科技成果转化的需要。从访谈情况来看，每一家企业都强调了产学研合作为公司发展带来的积极影响，这进一步证实了高校在科技型创业企业的发展中发挥的巨大作用，既输送人才，又输送成果，进而为科技型创业企业的发展保驾护航。

当企业遇到危机或者困境时，企业管理层往往会采取一些必要的方法缓解或解决危机。B 企业项目经理回想说，"当我现在的项目遇到不能解决的问题时，我会询问其他组之前的项目，如果有可以共用的代码就可以解决当前的问题"。C 企业总经理认为，"我们内部的问题自己内部可以解决好，比如调用其他相对不紧急的项目的员工来参与"。这些都反映了科技型创业企业在面对不是特别重大的问题时往往能够表现出对内部已有资源进行开发的能力。这种重组手边资源的拼凑也是科技型创业企业最常使用的方法。A 企业总经理认为，这种开发企业内部资源的能力是科技型企业必备的能力。倘若内部无法消化危机，企业会选择向外部寻求帮助。以最初大部分创业企业都会遇到的资金紧张为例，向政府、其他企业或机构寻找突破口是科技型创业企业缓解困境的另一种方式。A 企业总经理谈到"通过寻求合作伙伴这种形式，可以把一部分项目外包，这样我们可以更好地解决资源困境"，这给本书研究探索能力指引了新的思路方向。C 企业的创始人也认为，"寻求合作有可以让我们的赢面变大，有 1+1>2 的局面"。这种将危机转化为胜利的探索能力强调从外部发现新机会、新方式、新产品，对创业企业来说具有更大的挑战性，但也可能有更大的收益。园区内科技型创业企业间的良好关系也可以在出现危机的时候帮助兄弟企业脱离困境，C企业总经理谈到"有的兄弟企业有一些闲置的资源，比如多余的员工啊、多余的项目啊、多余的物料等，会在我们需要的时候帮助我们"。但是同时，他也补充说，项目的共享不会是"纯粹"的，往往具有一定的"附加性"，比如合作和分成都会有要求，"毕竟其他的公司关系再好也不可能无偿给机会，大家都要发展，只能说实在困难的时候他们能帮助的地方会帮一把"。可见，创业企业的网络关系在遇见危机时能够起到"雪中送炭"的作用。除此之外，受访的管理层和员工都反映了公司有紧急避险的预案或者处置措施。比如，A企业项目经理谈到："我们有很多项目组，我们组跟进的是政府部门，比较稳定，有的组跟进的是企业。"对此，A企业总经理给出了补充："公司经营范围的多元化和对接客户的多样化可以很好地减少我们遇到危机的概率。"B企业人力资源总监也认为，定期的总结和制定预案可以很好地预防危机。A企业受访员工认为，"项目组遇到小问题的时候，我们不会立即向公司汇报，我们有自主处理的权利，我们组长会带我们先看看有没有方法解决"，同时他也补充，"因为支配项目款需要老板和财务审批，所以一般出现问题的时候我们首先考虑的是选择性价比比较高的资源"。A企业总经理肯定了该员工的说法，认为即使站在公司的角度，"开源节流"仍然很重要，"有时候廉价资源反而可以取得很好的效果，反正试错成本也不高，我会愿意试试"。C企业创始人也认为"物超所值的资源"是他们的首选。对此，B企业项目经理强调自己几乎所有解决问题的方案都会向总监汇报，因为"我们必须得选有用的资源，不可能贪便宜然后拿来一些用不上的资源，那就是雪上加霜"。这也说明，双元能力促使我们进行内外部高性价比资源拼凑，同时也对我们识别资源可行性的能力提出了更高的要求。

创业环境贯穿整个创业过程，为创业活动的开展保驾护航，也为创业企业的发展带来机遇和挑战。根据调研，政策环境的变化普遍会影响科技型创业企业的发展走向。A企业总经理承认"政策上的突然变动有时候会导致我们工作出现突发性变化，比如网络安全系统的研发"，B企业创始人认为"我们现在和政府合作的项目是基于政府需要的，比如现在建设数字政府，他们需要做很多平台，也需要数据库支撑"。说明政策环境的变动给科技型创业企业带来了机遇。如果创业企业在平时能够做到多元化发展，那么就有可能在政策环境波动的时候把握机遇。这种机遇对企业来说也是一种挑战，B企业项目经理谈到"像国家安全局这种涉密单位对我们平台搭建、数据维护有特殊要求"。政府在政策扶持上力度的加大也为科技型创业企业的孵化和发展提供了良好的基础设施，正如C企业总经理所说，"园区给我们提供了比较大的帮助，主要是房租、物料和水电"。同时，几乎所有的员工都在访谈中谈及了疫情对企业和个人发展的影响。对受访的3家企业而言，疫情导致的经济下滑对企业均有负面影响。但是A企业总经理也承认"有一些企业确实能够以此为契机，发展势头迅猛"。科技部火炬中心印发的《关于疫情防控期间进一步为各类科技企业提供便利化服务的通知》要求相关部门在疫情期间为科技企业的合同登记认定、高新技术企业认定和科技型中小企业评价提供线上"无纸化"办理，对在孵企业适当减免租金。一系列政策的落实为科技型创业企业受到的巨大冲击进行了补救。C企业总经理介绍说，"我们做的每一个数据都是深入定制的，保护性强，不是通用的，因此甲方不会有太大变化，那我们的定制服务就不会有太大变化"。相应地，B企业创始人认为"升级平台数据库不需要我们一直盯着，每隔一段时间我们会主动去更新。这个就属于我们售后的一部分。比如之前给百度练智能音箱的AI技术的数据，不会一直不停更新的"。说明产品更新换代的速度取决于顾客的需要，顾客偏好的变化和需要的升级会直接影响项目的完成和售后。除此之外，科技型创业企业常有共享员工的存在，这一部分员工的流动率主要取决于企业的需要。企业正式员工的稳定性较强，C企业总经理认为，自己所在企业员工流动率不高的原因是"员工待遇比较好，所以跳槽的不多，而且我们这个行业的薪资基本差不多，工作强度也都差不多，员工去哪儿差别都不大"。这说明企业同行竞争环境的相对平稳有助于降低员工的流动率。而低流动率也使企业的项目的持续性更好，能够缓解A企业总经理认为的共享员工具有不稳定性和无法持续服务的问题。总体来看，不论是企业外部的政策、经济和社会环境的变化，还是企业内部员工流动和客户需求的变化，环境的动态性都对创业绩效发挥着调节作用。同时，环境的动态性也要求科技型创业企业能够具备适应环境、尽快为企业找到出路的能力，包括对内部资源的开发和对外部资源的探索。

第四节　理论框架构建

通过第三章扎根理论的分析归纳和筛选，形成了创业资源禀赋、双元能力、创业拼凑和创业绩效关系的基本理论框架，见图3-4-1。具体而言，科技型创业企业资源禀赋会影响创业绩效；科技型创业企业资源禀赋影响双元能力，并且可以通过双元能力影响创业绩效；科技型创业企业资源禀赋对创业拼凑产生影响，并且可以通过创业拼凑影响创业绩效；科技型创业企业资源禀赋可以通过双元能力和创业拼凑影响创业绩效；环境动态性分别在双元能力和创业拼凑对创业绩效的影响中发挥调节作用。

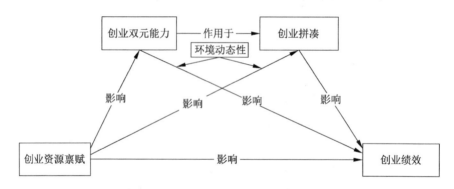

图 3-4-1　创业资源禀赋与创业绩效关系的基本理论框架

第五节　本章小结

本章采用扎根理论，先后对3家科技型创业企业的创始人、总经理、总监、项目经理和员工进行了共15次访谈。基于对语料的整理和先前对3家企业数据资料的了解，综合创业园区的调研，笔者共得到15份访谈资料，其中10份用于前期编码，5份用于后期检验。在开放性编码环节，笔者对所得资料进行标签化处理，剔除重复或相互矛盾的语料，对原始语料进行筛选和归纳。此环节共形成 56 个初始概念和 26 个初始范畴。在主轴编码环节，笔者对 26 个初始范畴进行进一步的分析，形成 13 个副范畴和5 个主范畴。在选择性编码部分，笔者归纳出 1 个核心范畴，并进行了典型关系结构的梳理，以此形成创业资源禀赋、双元能力、创业拼凑对创业绩效影响的故事线。最后笔者对剩下的 5 份资料进行背靠背编码，对理论的饱和度进行了检验。

　　基于扎根理论的质性研究使本书厘清了创业资源禀赋提升创业绩效的路径，发现了在创业环境的影响下双元能力和创业拼凑可能对创业绩效产生的影响，并形成了理论框架，这为后续研究假设的提出和具体概念模型的构建提供了基本的理论依据。

第四章

研究假设与概念模型构建

通过质性研究构建的理论框架，本章首先依据现有研究和质性研究访谈记录进行了维度的划分，不仅参考了既往研究成果，也为更贴合科技型创业企业的研究提供了"因企制宜"的思路。随后，本章分维度对科技型创业企业的资源禀赋、双元能力、创业拼凑和创业绩效的关系提出了相应的假设，并依据假设总结出与之相应的概念模型。

第一节 相关研究概念的维度划分

一、科技型创业企业资源禀赋维度划分

从维度上看，创业资源禀赋一般涵盖经济资源、社会资源和人力资源。依据前文文献梳理可知，目前对创业资源禀赋的维度划分尚未达成一致。为了能够尽可能贴合科技型创业企业的特点，本书结合质性研究的归纳总结对科技型创业企业资源禀赋进行了相应的维度划分。

根据前文概念界定，本书所指科技型创业企业资源禀赋是指科技型创业企业所需要的所有内部、外部的资源。结合第三章扎根理论的研究结果可知，科技型创业企业的创业资源禀赋包括了员工学历（概念1"面向高校毕业生招聘是公司招聘的主要途径"）、工作经验（A1"员工以无经验为主"）、管理经验（A2"核心人员经验丰富"）、创业经验（概念4"可以有创业经验但是不需要很丰富"）、企业关系（A4"企业间员工交流多样"、A5"企业是主要合作对象"）、政府关系（A6"企业与政府关系密切"）、高校关系（A7"高校与企业互惠互利"）、技术资金（A8"创业资金获取多样化"）、技术人才（A9"技术人才支持政策丰富"）和技术成果（A11"专利成果丰富"）。科技型创业企业的资源禀赋应当包含创业企业必需的人力资本，也应当充分考虑企业以技术为核心的本质和创业资金的高需求性，以及现阶段科技快速发展的现实对科技型创业企业社会网络关系的需要。

对以上资源禀赋进行归纳总结后可得，科技型创业企业资源禀赋主要包括人力、财务、社会和技术几种资源。

人力资源禀赋包含员工的学历、工作经验、管理经验、创业经验。具体来看，学历是求职者学习能力的重要体现，能够折射出科技型创业企业员工的普遍文化素质，可以此研究人力资源禀赋对创业绩效的影响；工作经验是科技型创业企业对员工的普遍需求，能够反映出员工的实操能力，可以此研究人力资源禀赋对创业绩效的影响；管理经验是科技型创业企业对高级管理人员的需求，能够体现高管对企业的治理能力，并以此研究人力资源禀赋对创业绩效的影响；创业经验可以反映员工的胆识、拼搏等素质，科技型创业企业顶层管理者是否具备创业成功的经验，可以此研究人力资源禀赋对创业绩效的影响。

从财务资源来看，科技型创业企业需要不断更新产品和技术，也需要在竞争激烈的市场中扩大自己产品的市场占有份额。假如无法获得相应的资金支持，科技型创业企业将很难持续性地进行技术研发创新，也将阻碍企业在竞争中提升产品的市场占有率。科技型创业企业需要大量资金主要因为：① 这类企业需要大量的高素质科技人员，人力成本高；② 产品推广费用高；③ 创业成功率低，对资本的需求量大。但是，很多科技型企业在创建前期由于没有足够的可抵押的有形资产，贷款方也很难准确判断技术能带来多大的潜在收益，这提高了这类企业从银行获取贷款的难度。因此，科技型创业企业的创业者一般会通过多样化的途径来解决融资难的问题。从资金需求的目的上来看，科技型创业企业在整个创业期的各环节都离不开资金的投入，本书认为将资金对人力、市场推广和创新的影响分别融入各资源禀赋维度进行讨论将更贴合实际的资源禀赋划分。具体来看，科技型企业在初创期常通过政府补助和风险投资两个途径来缓解融资问题。政府补助是政府从政策上通过拨款、贴息、减税等方式对科技型企业进行扶持，实质上属于企业与政府机构的关系，多方位体现了政府扶持政策的落地情况。风险投资一般包括风险投资公司、准政府投资机构、金融机构分支和私人投资公司几种组织模式。已有实证研究结果显示，社会关系投资可以为高新技术企业获得更多的技术补贴。对家族企业创业进行研究的学者发现，家族控制权越强，则家族式创业企业越不愿意引入无关系的外部投资，它们更愿意加强家族成员间或者与其他利益相关者的关系。这说明社会关系投资也是家族式创业企业主要的资金来源。综上分析，社会关系投资是我国科技型企业主要的资金来源。因此，本书将财务资源纳入社会资源禀赋的范畴中讨论，认为政府补贴体现了企业与政府的关系，风险投资体现了企业与其他利益相关者的关系。但是从科技型企业的本质来看，技术创新是企业生存的基本核心，所以本书将研发资金的投入单独纳入技术资源禀赋中考虑。这也将研发投入与高素质人力投入和市场推广投入进行了剥离，能够更好地探索技术资源禀赋对创业绩效的影响。

社会资源禀赋包括企业与政府、高校、客户和其他企业的关系网络。科技型创业企业能否依托政府的优惠政策，能否大力进行产学研合作，能否与客户和其他企业建立良好的关系，能否通过社会关系获得足够的资金支持，对这些问题的研究可以探索创业资源禀赋对创业绩效的影响。图 4-1-1 展示了科技型创业企业社会资源禀赋的详细关系网络。根据关系性质，与科技型创业企业相关的关系网络构成大致可归纳为四个主体：政府机构、科研机构、供需双方、相关企业。

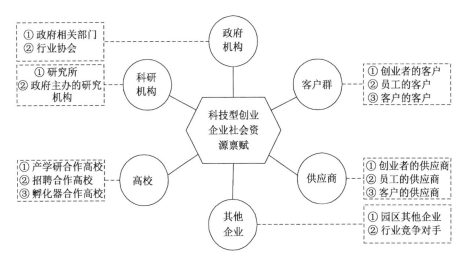

图 4-1-1　科技型创业企业社会资源禀赋关系网络

技术资源禀赋包含专利数目、研发投入和研发人员数量。专利数目的多少、研发投入的多少和研发人员的数量反映了科技型创业企业技术资源禀赋的客观情况，以此可以探索其对创业绩效的影响。

因此，本书认为可将科技型创业企业资源禀赋划分为三个维度，详见图 4-1-2。

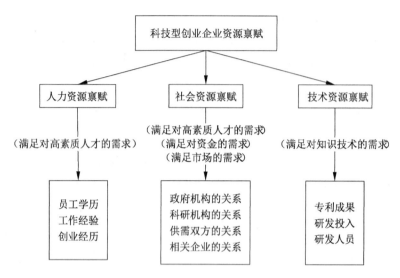

图 4-1-2　科技型创业企业资源禀赋维度划分

二、双元能力维度划分

本书对于创业企业的双元能力维度的划分借鉴了 March 在 1991 年提出的"探索能力"和"开发能力"的划分方式。同时，结合科技型企业的实际特点，本书认为科技型创业企业的探索能力在开发新产品、研发新技术、提升新方法、引进新服务、开拓新市场和推广新业务等方面有比较好的运用；而开发能力在利用现有资源、社会关系、提升服务水平、完善产品、提供现有服务、引进现有产品和降低成本等方面具有较大的优势。本书认为，分别对探索能力和开发能力进行讨论将更有利于厘清双元能力和创业绩效的关系。

具体而言，双元能力包括探索能力和开发能力两个维度。探索能力是科技型创业企业在面对资源困境时能否突破企业自身禁锢以解决问题的能力，其风险性和不确定性因素较大，因此需要研究在面对创业资源禀赋欠缺时，通过探索能力缓解资源缺失，最终达到创业绩效提升的影响。开发能力是科技型创业企业在面对资源困境时充分利用创业资源禀赋的能力，其稳定性较强,风险性较弱,因此需要研究通过开发资源缓解资源缺失,最终达到创业绩效提升的影响。

三、创业拼凑维度划分

由于创业拼凑研究发展时间不长,目前对拼凑的维度划分并未达成一致。创业拼凑反映了科技型创业企业遇到资源困境和新挑战时的能力及行为。通过整合现有资源或是闲置的资源可以帮助企业打破资源逆境,可以以此研究运用拼凑的方法解决资源匮乏问题提升创业绩效。

根据第三章的访谈结果可知,科技型创业企业遇到的困境多是由资源匮乏造成的。在资金匮乏和技术人才匮乏的情况下,企业不约而同地选择了共享员工,以便更好地减少开支(见初始范畴A14)。然而,不可否认的是,这种人力资源的拼凑有时会带来负面影响,比如持续性差、责任意识不强、对后续服务的跟进造成了不好的影响。对于科技型创业企业来说,单一的产品构成和客户群体很难应对政策环境的变化或者技术水平的更迭。尤其相对平稳的政策环境突然发生变化的时候会对企业的拼凑能力提出较高的要求。例如A网络科技公司总经理认为:"国家突然加大对网络安全监管的力度,使我们能够有机会与网信办等政府部门达成合作共识,现在这一块也成了我们目前工作的重点。"B网络科技公司人力资源总监认为:"国家政策有时候突然变化给我们带来了影响,比如跟好未来的合作就受到了双减政策的影响。"为了尽可能缓解类似的突发危机,受访的高管大部分都认为应当加大产品和服务的多元化投入。A网络科技公司和B网络科技公司采取了相同的做法,即让企业内其他的项目组从人力、技术、信息、网络等多方面援助遇到风险的项目组。不断寻找新的合作伙伴也是应对危机的重要方法。当然,若已有合作伙伴之间存在可以帮助缓解危机的闲置资源,企业之间也会倾囊相助,这在创业园区或众创空间的新创企业间是很常见的情况。科技型创业企业的拼凑大多仅以拼凑对象进行划分,虽然可以分为对内部的拼凑和对外部的拼凑,但是质性研究中并未发现较为明显的维度划分方式,这与单维度构念的研究结果达成一致。因此,结合科技型创业企业高技术要求的特点,本书认为可以将科技型创业企业的创业拼凑视为单维度变量。

四、环境动态性维度划分

依据已有研究，本书将环境动态性视为单一维度变量。依据第三章的语料整理可以发现，政策环境（A20）、社会环境（A21）、经济环境（A21）、顾客需求（概念45）、产品更新速度（A22）和员工流动（A23）都是受访者关注的环境因素。从顾客角度出发，科技型创业企业环境的动态性表现在：客户偏好、客户对产品服务的需求差异、消费者需求差异、客户尝新性行为；从科技型企业自身角度出发，科技型创业企业的环境动态性包括：技术变化、竞争对手的变化和专业人员的流动情况。而客户各种需求行为的变化和技术的变化更多地依赖于市场需求的变化、政治经济环境的变化，所以不同的环境要素之间相互影响。具体而言，环境动态性包括了顾客需求、技术更迭、对手变化、客户喜好、客户尝新和人员流动等几个因素。顾客需求、客户喜好和客户尝新均从客户的角度反映了市场需求的变化；技术更迭和对手变化反映了竞争环境的变化；人员流动反映了行业内的稳定性，因而可以从以上几个方面研究环境的动态性在创业资源禀赋和创业绩效中发挥的作用。

五、创业绩效维度划分

目前对创业绩效维度存在多种划分方式，例如生存和成长、财务和非财务等。本书面向的科技型创业企业有一部分还处在创业起步阶段，不适宜仅使用系统客观的财务指标进行绩效的评价。成长绩效的主观衡量更适用于创业初期的企业，它能够很好地反映科技型创业企业的发展情况，包括员工数量、销售额、净收益增长、新业务开发量、创新速度和市场份额增长几个方面。在与数名科技型创业企业高层管理人员进行访谈后总结可知，利润增长、投资收益和市场份额扩大等财务绩效的指标也是科技型创业企业高管们常关注的绩效。因此，本书以成长绩效作为科技型创业企业创业绩效的维度之一，辅以财务绩效，以此构成科技型创业企业创业绩效的维度划分。

📖 第二节　研究假设的提出

一、科技型创业企业资源禀赋与创业绩效

1. 科技型创业企业人力资源禀赋与创业绩效

人力资源包含创业者和企业员工，是企业的核心资源并直接参与生产经营，有助于提高劳动生产率，促进企业创新活动，进而促进创业活动。对于创业企业来说，人力资源作为创业资源禀赋的重要组成部分，很多学者认为其对创业成功有关键的作用。Boxall（1996）提出人力资源的优势包括两个方面：其一，挖掘人力资源超常天赋储备的潜在生产力的可能性；其二，可于某种方式上促进员工和团队创建在企业周期内学习的组织能力以提升组织优势。这一观点也指出了人力资源研究的必要性。从创业者来看，有足够的胜任力的创业者能够带领创业企业走向成功；科技型创业是知识的载体，其学历、能力和经验都影响着科技型创业企业的发展。同时，高技术企业常通过人力资源策略选择来实现组织竞争优势。科技型创业企业发展迅速的同时，也面临企业淘汰速度快且人员不稳定的情况，因此出现了再创业的现象，导致部分员工具有一定的创业经验。现有研究表明，创业经验、教育背景和工作经验都是创业企业人力资源管理关注的内容。

基于以上分析和思考，本书拟提出科技型创业企业人力资源禀赋与创业绩效的关系如下：

H1：科技型创业企业人力资源禀赋与财务绩效正相关

H2：科技型创业企业人力资源禀赋与成长绩效正相关

2. 科技型创业企业社会资源禀赋与创业绩效

创业企业在创业初期拥有的资源禀赋很有限，且很难在短时间内拥有足够的资源，因此需要依赖企业和员工的社会网络资源，以快速解决资源困境。在创业过程中，家人和朋友常常为创业者提供资源，同时，创业企业通过与政府、高校、其他企业、客户等的高频率接触和交流稳固关系，

获取创业企业自身生存和发展所需要的资源，可产生信息共享、分担风险、改善企业决策等作用。企业与这些相关群体的关系越密切，成员之间资源的交流越频繁，就越能促进企业快速获得其发展所需的部分关键资源，提升资源获取的能力和效率，进而影响企业市场绩效的提升。也有研究认为，较好的社会资源禀赋能为企业带来良好的声誉，并有利于后期的商业交流。目前，大量的科技型创业企业选择将企业设置在创业园区或者众创空间，做出这种选择的很大一部分原因是科技企业孵化器拥有强大的社会网络关系。

本书认为，当科技型创业企业社会资源禀赋丰富，与各个相关群体关系密切且友好时，将帮助企业获得更多有用资源和资金支持，从而有利于企业的发展。其中，政府机构、科研机构和高校对科技型创业企业的影响周期长、范围广且稳定，客户群、供应商和其他企业的影响集中、直接且反应迅速。根据文献梳理和扎根理论的研究，社会资源禀赋对创业绩效的影响可能是显著的、直接的，也可能是间接的、潜移默化的。基于此，本书拟提出科技型创业企业社会资源禀赋和创业绩效的关系如下：

H3：科技型创业企业社会资源禀赋与财务绩效正相关

H4：科技型创业企业社会资源禀赋与成长绩效正相关

3. 科技型创业企业技术资源禀赋与创业绩效

技术是科技型创业企业的生存发展之本，也是其获得市场竞争优势的重要方式，相应地，技术研发人员成为支撑企业存活和发展的关键。技术人员的水平直接影响了财务资源的需求。技术研发人员数量多且水平高将直接增加企业对内的技术资金支出，但相应地可以减少向外部获取技术知识的资金输出。在创业初期，科技型创业企业多以研发为基础，大量研发资金的投入无疑加重了创业企业的资金负担，但是这种投入并不能确定能有与之投入相当的产出。所以，当创业者的创业激情和创业计划遇到挫折时，可能出现对研发风险的高度厌恶。一旦技术的研发取得相应的成果，将可能进一步激励创业者在资金和人员上对技术研发的投入。此外，科技型创业企业的员工数量少，但是对员工的技术水平要求往往较高。从第三章的访谈结果可以发现，科技型创业企业存在比较多的共享员工，这可能是因为创业企业招聘技术人才时存在企业知名度不足、薪酬较难和大型企业竞争等困难，或是因为符合招聘条件的人才依然紧缺。这说明创业企业在技术人员数量上仍然存在较大缺口。

技术资源禀赋作为科技型创业企业区别于其他类型企业的关键因素，是科技型创业企业生存和成长的核心要素之一。同时，技术研发的成果也是评价科技型企业的主要条件之一。本书认为，企业对技术研发的资金投入体现了科技型创业企业的发展潜能和发展趋势。虽然科技研发的风险性较大，高投入并不代表高收益，但是高投入会增大创业绩效提升的概率。技术研发人员占企业总员工数的比例和专利研发成果均能体现科技型创业企业的特质。一个以研发部门为主导的科技型创业企业才能更好地适应"互联网+"时代的到来，才能在众多科技型企业中立足。基于此，本书拟提出科技型创业企业技术资源禀赋和创业绩效的关系如下：

H5：科技型创业企业技术资源禀赋与财务绩效正相关

H6：科技型创业企业技术资源禀赋与成长绩效正相关

二、科技型创业企业资源禀赋与双元能力

1. 科技型创业企业资源禀赋与探索能力

企业员工行为会对探索能力和开发能力产生较为深刻的影响，而员工的行为又会受到人力资源禀赋的直接影响。由此可以推断，人力资源禀赋对双元能力有直接影响。但是，资源基础不同，企业在开发和执行双元创新行动方面具有的知识和能力基础也不同。从人力资源禀赋的角度出发，不论是普通员工还是高管团队，都应当具备一定的双元能力。高管团队是推进企业实现双元创新的内部驱动力。基于前文的质性研究，高管团队普遍具有一定的管理经验或创业经验，陷入资源困境时更能积极主动地对内重新整合利用，对外积极寻求帮助，这也体现了企业家的智慧。还有研究发现，CEO（Chief Executive Officer，首席执行官）的学术经历一方面有利于培养 CEO 利用已有知识进行开发式创新的能力，另一方面有利于塑造 CEO 独特的创新特质，促进探索式创新的发展。可见，人力资源禀赋对双元能力中的探索能力的直接积极影响是不言而喻的。从社会资源禀赋的角度出发，拥有社会资本的企业可以获取丰富的资源和机会，进而推动企业实现探索式创新。社会资源丰富的企业可以通过与相关群体的交流和求助，追求能够改变新生企业弱小性

的方法。由于社会资源禀赋主要指企业外部相关群体与该企业的社会关系，因此本书认为社会资源禀赋仅对探索能力有积极影响。从技术资源禀赋的角度出发，随着企业核心能力价值存在与丧失的演变，研发活动体现为利用与探索活动战略定位的转换。科技型创业企业的技术人员作为研发的主体，人员数量不足会迫使企业进行探索式创新。然而，当现有技术在相关市场中占主导地位，且有充足的技术研发资金的投入和人员的配备时，科技型创业企业将进入"技术锁定"的状态，发生过渡惰性。在报酬递增的作用下，企业将习惯持续依赖现有技术，导致创新绩效低下。因此，本书拟提出如下假设：

H7：科技型创业企业人力资源禀赋对探索能力有积极影响

H8：科技型创业企业社会资源禀赋对探索能力有积极影响

H9：科技型创业企业技术资源禀赋对探索能力有消极影响

2. 科技型创业企业资源禀赋与开发能力

优质的人力资源禀赋为科技型创业企业提供了高质量的人力保障，不论是员工还是管理层，其工作经验、管理经验、创业经验等都会体现在工作的方方面面。不仅管理人员具备高效解决问题的能力，在前一章的访谈中亦可知，部分员工表示所在项目组有时会内部调整或对外寻求帮助以解决资源困境。由此可知，资源匮乏或项目危机时，员工也会选择对已有资源进行再组合、再利用。这说明人力资源禀赋与开发能力正相关。通常情况下，社会资源禀赋丰富的企业可以获得丰富的资源和机会，对开发式创新有积极作用。本书中的社会资源禀赋主要指存在于企业外部的社会关系网络。已有研究认为，动员社会网络的结果是对嵌入社会网络中资源的进入权而非所有权，且企业可以利用其社会资源禀赋来搜寻信息降低决策的不确定性。根据组织冗余理论，企业社会资源禀赋的冗余会妨碍企业的战略选择，会导致决策者安于现状，从而影响企业面对竞争和突发转变的反应。因此，本书认为随着科技型创业企业社会资源禀赋的丰富，企业会逐渐形成依赖性行为，探索能力带来的不确定性会逐渐减少，企业进行战略决策时很可能会选择外部社会资源的直接介入，从而忽视对内部资源的整合利用。从技术资源禀赋来看，科技型创业企业自身技术投入和技术人员越多，其可能拥有的技术成果就越多，进而使企业可以有更多的技术选择权。当遇到危机、变革或者困境时，企业将有能力调用内部的技术资源进行应对。这种对内部技术资源进行开发的行为为企业减少了资金支出，也将更好地服务于创业绩效的提升。基于以上的分析和阐述，本书拟提出如下假设：

H10：科技型创业企业人力资源禀赋对开发能力有积极影响

H11：科技型创业企业社会资源禀赋对开发能力有消极影响

H12：科技型创业企业技术资源禀赋对开发能力有积极影响

三、科技型创业企业资源禀赋与创业拼凑

创业拼凑是指为了解决困境或者发现新机会，对已有资源或者利用社会资本以低成本获取的外部资源进行重新组合与构建。王庆金等（2020）依据社会资本理论认为，企业拥有的一切资源都是创业拼凑的基础，而社会资本可以为新创企业迅速补充创业资源，进而解决资源约束问题。因此，社会资源禀赋为创业拼凑的进行提供了获取外部资源的机会。基于此，本书认为社会资源禀赋与创业拼凑正相关。朱秀梅等（2018）强调了创业者和员工是创业拼凑的执行和能动主体，创业者的作用更多地体现在战略制定和资源配置的层面，而员工的作用主要体现在执行及资源的整合和利用方面。可见，人力资源是创业拼凑行为开展的主观能动者。据此，本书认为丰富的科技型创业企业人力资源禀赋亦对创业拼凑有积极影响。薛佳慧和彭华涛（2022）认为研发资金投入和研发人才投入是创新投入的两个维度，并认为研发人才（即本书所定义的技术人才）是高新技术企业创新知识的核心载体。本书认为，当科技型创业企业技术投入大且技术人员多时，会产生一定的冗余技术资源。根据企业行为理论，冗余资源有利于企业实施战略。但是，也有研究认为，低水平和高水平的冗余资源比中等水平的冗余资源更会触动创业拼凑的行为。除了冗余资源，科技型创业企业丰富的技术资金投入会为创业企业产生技术上的"虹吸效应"提供可能，也就为获取相对低价的技术人才和技术成果提供了可能。基于第三章的访谈，不少研发人员更青睐加盟研发资金投入大的企业或者规模大的企业。如果这一类企业需要获取相对低价的技术人才和技术成果将远比技术投入小的企业更容易。鉴于此，当向外部寻找可以利用的资源比在内部寻

找解决办法更划算，那么企业将主动采取创业拼凑的行为来解决问题。因此，本书认为企业自身丰富的技术资源禀赋或将更有利于创业拼凑的选择和成功。基于以上分析，本书拟做出如下假设：

H13：科技型创业企业人力资源禀赋与创业拼凑正相关

H14：科技型创业企业社会资源禀赋与创业拼凑正相关

H15：科技型创业企业技术资源禀赋与创业拼凑正相关

四、双元能力与创业绩效

探索能力和开发能力是双元能力的两个基本分类。通过对双元能力研究成果的梳理可知，探索能力更强调向企业外部开发新产品、发现新渠道，涵盖了搜寻、创新、变化、风险承担等能力，能够有效地提升企业的创新绩效。然而，探索过程风险性较大，需要创业者有较强的机会识别能力和一定的风险承受能力，且对财务绩效不一定有正向的影响。在创业初期，创业资源禀赋相对匮乏的企业迫于生存的压力大多需要向外部寻找解决困境的方式。然而，当企业步入稳定期后，过多的探索行为可能会给企业带来高风险动荡从而影响创业绩效的提升。开发能力强调对已有事物的利用能力，可以通过优化、选择、充实、生产、实施等方式缓解企业的资源压力。与探索能力相比，开发能力的稳定性更好、风险性更小、资金投入也更少，因而在科技型创业企业中被广泛运用。但是，开发能力是对内利用的能力，其创新效果有时并没有探索能力强。开发能力贯穿整个科技型创业企业的生存和发展过程，初期可以在一定程度上缓解资源问题，企业稳定成长时较探索能力可能更适合稳步提升创业绩效。基于此，双元能力对创业绩效的倒 U 形关系也得到了很多学者的验证。本书认为，由于探索和开发这两种能力在创业的过程中发挥了不同的作用从而带来了不同的结果，为了研究清楚探索能力和开发能力到底哪一种能力对绩效产生什么样的影响，本书将探索能力和开发能力分开讨论。综合来看，科技型创业企业对创新效率的需求高，需要不断尝试突破来稳固企业的生存，但同时不可避免地面临因资源匮乏带来的压力，必须通过对内对外的双元能力采取措施缓解困境。探索活动具有较高的不确定性和风险性，在绩效上更关注长期目标和可持续发展；而开发能力更关注短期目标和财务目标。这说明，探索能力对成长绩效可能存在积极影响。但是同时，探索是对未知的技术领域和市场发起的挑战，其风险性注定会将企业的直接财务绩效带入高风险的轨道，因此本书认为，探索能力对创业财务绩效可能存在消极的影响。在技术更迭迅速的今天，科技型创业企业作为以技术研发立命的特殊群体，竞争压力大，需要不断提升自己的技术应对环境的变化。当对内的整合或再利用可以缓解眼前的危机时，本着稳定过渡、稳步发展的原则，很多企业会更倾向于运用开发能力缓解短期的绩效问题。这说明，开发能力与财务绩效可能存在正相关的关系。然而，从长远来看，过多地对内部的调整利用并不利于科技型创业企业在技术市场大环境中的立足。从第三章的质性研究的访谈中也可以发现，企业员工和高层管理者均表示需要向其他企业学习，需要通过外部引进等形式来应对长期的危机。因此，开发能力与探索能力相比并不能很好地辅助创业成长绩效的提升。但是，鲜有研究针对创立 8 年内的科技型创业企业开展探索，实际情况还需进一步验证。基于以上分析，本书拟提出如下假设：

H16：探索能力与财务绩效负相关

H17：探索能力与成长绩效正相关

H18：开发能力与财务绩效正相关

H19：开发能力与成长绩效负相关

五、创业拼凑与创业绩效

创业拼凑具有较高的不确定性和未知性。Steffens 等（2009）认为创业拼凑与新创企业资源优势显著相关，采取创业拼凑的企业往往拥有较强的不可模仿性并拥有不可替代的资源。总的来说，新企业创业拼凑的目的是缓解资源困境并提升创业绩效。大量的实证研究已经证实采取拼凑可以有效应对资源危机，创业拼凑对创业绩效拥有正向驱动作用也得到了证实。但是针对科技型创业企业的研究还相对缺乏，因而存在研究的意义。鉴于此，本书拟提出如下假设：

H20：创业拼凑与财务绩效正相关

H21：创业拼凑与成长绩效正相关

六、双元能力的中介作用

1. 探索能力的中介作用

探索能力的收益是长期的，因此企业在选择开展新活动、研发新技术等的时候往往会考虑企业的长期绩效。探索能力主要是为了谋求企业未来的发展，涉及对企业现有能力和现有市场联系的根本性变革。企业的探索能力能否发挥开拓市场和开发新产品的作用，取决于企业是否拥有相应的必需资源。从人力资源禀赋来看，高管和员工是企业人力资源的构成主体。根据高阶理论，企业的战略选择受决策制定者的认知基础和价值观的影响。已有研究发现，CEO 的认知基础、价值观及专有知识存在差异，可能会改变企业技术创新的轨迹和预期。而高层管理者的认知基础、价值观及专有知识量与其教育背景、工作年限和先前经验等均有较大的关系。李涛等（2021）从学历、任职期限和工作背景等探索了 CEO 个人特质在企业创新发展中发挥的作用。根据前文分析，本书认为探索能力在人力资源禀赋和创业绩效中发挥中介作用。从社会资源禀赋来看，吴俊杰等（2014）通过对 151 位高技术民营企业家研究分析发现，探索式创新离不开创业者广泛的人际关系网络，这些广泛流通的创新信息可以帮助缓解组织内部的资源约束，有利于企业开展探索式创新活动，从而影响企业绩效。对科技型创业企业而言，尤其在创业初期，人力资源稍显匮乏，企业相对占比大的资源禀赋是社会资源和技术资源。探索行为发生的不确定性会导致短期财务绩效的下滑，但是如果其社会资源禀赋能够在危机时为探索行为提供资源，那么将避免可能发生的负面影响。所以，社会资源和探索资源在提升创业绩效上是相辅相成的。从技术资源禀赋来看，创业企业在其初期阶段，技术人员的创新动力很足，在面临挑战时，技术人员会最先开始自我革新，以提升新技术、开发新产品。并且，向外部的探索行为很有可能给企业带来信息资源的冗余。因此，本书认为探索能力并不能在技术资源禀赋和创业绩效中发挥中介作用。那么，如何运用有限的人力和社会两种资源禀赋来创造更多的可能来提升企业未来成长的可能性？探索能力在其中就发挥了极其重要的作用。基于以上分析，本书拟提出如下假设：

H22：探索能力在科技型创业企业人力资源禀赋和财务绩效之间的正相关关系中起中介作用

H23：探索能力在科技型创业企业人力资源禀赋和成长绩效之间的正相关关系中起中介作用

H24：探索能力在科技型创业企业社会资源禀赋和财务绩效之间的正相关关系中起中介作用

H25：探索能力在科技型创业企业社会资源禀赋和成长绩效之间的正相关关系中起中介作用

2. 开发能力的中介作用

开发能力更依赖企业现有的资源，有较强的确定性，且能够直观快捷地提高效率创造价值。Davidsson 和 Honig（2003）发现受教育年限、创业经历和工作经验与创业的可能性成正相关关系。不同教育背景和先前经验的人力资源对信息获取、融资约束和风险态度三个方面均产生不同影响。高学历和丰富的先前经验（包括工作经验、管理经验和创业经验）使企业人力资源拥有较强的搜集、整合信息的能力，并且能够更好地识别风险和规避风险。与探索能力相比，开发能力风险性更小，确定性更强。所以，根据推导，开发能力在人力资源禀赋和创业绩效的关系中起中介作用。本书所指的社会资源禀赋强调企业外部的社会关系网络。开发能力是对企业现有的资源进行整合及再利用，与企业外部社会资源关系较弱。无论是个人社会网络还是团队社会网络，在利用其关系网时均需要企业或个人通过市场机制从外部市场获取资源。因此，本书认为开发能力并不能在科技型创业企业的社会资源禀赋和创业绩效中起中介作用。从技术资源禀赋来看，技术的本质是知识，而隐性知识是技术知识存在的重要形态。封闭式的创新模式对企业内部的研发能力要求很高，强调基于内部技术资源搜索模式进行持续的、高强度的研发活动，但是可能会导致技术能力的刚性问题。因此开放式的技术创新得到了更多的关注。开放式不仅指企业与外部的技术资源的流动和交换，也指企业边界内的资源的流动。与其他类型企业不同的是，不论是科技型中小企业还是高新技术企业，技术资源禀赋的优劣都直接决定了企业核心竞争力的水平。这里所指的技术资源是企业拥有的资源，而不是向外求助或者交流获得的碎片式技术。同时，在第三章的访谈中可知，遇到资源困境或者企业技术危机时，不论员工还是高层管理者大多优先选择在内部进行调整，说明开发能力在企业技术资源禀赋和创业绩效之间发挥了重要作用，即通过开发能力能够使企业的技术资源禀赋更好地服务于企业绩效的提升。基于如上分析，本书拟做出如下假设：

H26：开发能力在科技型创业企业人力资源禀赋和财务绩效之间的正相关关系中起中介作用

H27：开发能力在科技型创业企业人力资源禀赋和成长绩效之间的正相关关系中起中介作用

H28：开发能力在科技型创业企业技术资源禀赋和财务绩效之间的正相关关系中起中介作用

H29：开发能力在科技型创业企业技术资源禀赋和成长绩效之间的正相关关系中起中介作用

七、创业拼凑的中介作用

在组织管理中，资源禀赋对创业拼凑有重要影响，是提升创业拼凑的关键要素。一方面，企业拥有的具有创业经验、管理经验和工作经验的人才越多，能够发现创业拼凑机会的概率越大，能够采用创业拼凑缓解危机的可能性越大。另一方面，丰富的社会资源禀赋，使企业进行外部拼凑时能有更多的选择，可以降低拼凑的成本。再者，科技型创业企业内部项目之间的技术成果拼凑、技术人员拼凑屡见不鲜。这在前一章的半结构化访谈中得到了证实，尤其是关于企业间"共享员工"问题的讨论更突显了在实际生产中技术资源禀赋的拼凑会对企业绩效产生正向影响。于晓宇和陈颖颖（2020）对冗余资源和企业瞬时竞争优势进行了研究，认为创业拼凑在其中发挥了中介作用，尤其在高环境不确定性和高资源柔性下更显著。可见，创业拼凑对改善新生企业的资源弱性有显著的帮助作用。基于以上分析，本书拟提出如下假设：

H30：创业拼凑在科技型创业企业人力资源禀赋和财务绩效之间的正相关关系中起中介作用

H31：创业拼凑在科技型创业企业人力资源禀赋和成长绩效之间的正相关关系中起中介作用

H32：创业拼凑在科技型创业企业社会资源禀赋和财务绩效之间的正相关关系中起中介作用

H33：创业拼凑在科技型创业企业社会资源禀赋和成长绩效之间的正相关关系中起中介作用

H34：创业拼凑在科技型创业企业技术资源禀赋和财务绩效之间的正相关关系中起中介作用

H35：创业拼凑在科技型创业企业技术资源禀赋和成长绩效之间的正相关关系中起中介作用

八、双元能力和创业拼凑的链式中介作用

创业过程理论强调资源是创业企业生存和发展的关键性因素，合理的资源配置也需要创业者或者创业团队制定相应的战略决策。已有研究认为，创业管理中资源拼凑和双元创新是相互依存的关系。双元能力与创业拼凑行为存在互动机制。基于此，本书进一步依据创业过程理论，将双元能力和创业拼凑视为"相应的战略决策"，认为通过双元能力进行创业拼凑能够有效地缓解创业企业因资源匮乏带来的危机，从而对创业绩效的提升产生积极影响，即双元能力和创业拼凑在科技型创业企业资源禀赋和创业绩效之间起到了链式中介作用。

具体来看，双元能力作为中介变量影响创业资源禀赋和创业绩效之间的关系。在人力资源禀赋中，学历高且有经验的高层领导往往具备双元能力，能够在创业企业资源匮乏时立即向外部进行探索活动，努力快速寻找新产品、新资源，同时在企业内部的现有资源中寻找可以拼凑的部分以填补"漏洞"。赵兴庐（2016）发现有创业经验的企业家更倾向于使用创业拼凑，创业者行业知识的丰富有利于提升创业拼凑的水平，进而提升绩效。从社会资源禀赋来看，社会关系的多元化使创业企业遇到问题时有可以求助的对象，也使"手边资源"的内容丰富起来，有利于企业进行拼凑，并提高企业绩效。值得注意的是，社会资源禀赋的丰富对通过探索提升绩效的路径的作用更为明显。然而，丰富的社会资源禀赋可使企业加大对外部资源利用的力度，从而减少对内部资源再利用行为。因此，本书认为开发能力并不能在社会资源禀赋与创业绩效中发挥中介作用。从技术资

源禀赋来看，大量共享员工的出现说明当缺乏技术人员时，企业一方面会选择将内部项目不紧急的员工和技术进行支援，另一方面会积极向外部寻求能够帮助解决问题的研发人员。当技术资源出现匮乏时，企业会先将内部闲置资源再盘活，以达到应急的效果。这样才能保证科技型创业企业对核心技术的完全掌握，避免企业发展的后期出现被别的企业或者组织在技术上制约的情况。只有在确实无法解决问题的情况下，企业才会就技术问题选择向外求助。而这种对技术资源的求助不同于可以一步到位的资金，一般有极高的风险性和不确定性，需要较长时间才能确认其对绩效影响的优劣。这就是为什么在前一章的访谈中，A企业总经理强调要减少在技术上向外索取的概率，尽可能在内部解决问题或者与外部以合作的方式解决技术问题。倘若科技型创业企业的技术资源禀赋较丰富，那么企业拥有较多的技术投入、技术人员和技术成果将会强化运用开发能力对内部资源的更充分利用以缓解危机提升绩效。因此，基于如上分析，本书认为可以根据不同维度提出如下假设：

H36：探索能力和创业拼凑在科技型创业企业人力资源禀赋和财务绩效之间起链式中介作用

H37：探索能力和创业拼凑在科技型创业企业人力资源禀赋和成长绩效之间起链式中介作用

H38：探索能力和创业拼凑在科技型创业企业社会资源禀赋和财务绩效之间起链式中介作用

H39：探索能力和创业拼凑在科技型创业企业社会资源禀赋和成长绩效之间起链式中介作用

H40：开发能力和创业拼凑在科技型创业企业人力资源禀赋和财务绩效之间起链式中介作用

H41：开发能力和创业拼凑在科技型创业企业人力资源禀赋和成长绩效之间起链式中介作用

H42：开发能力和创业拼凑在科技型创业企业技术资源禀赋和财务绩效之间起链式中介作用

H43：开发能力和创业拼凑在科技型创业企业技术资源禀赋和成长绩效之间起链式中介作用

九、环境动态性的调节作用

环境动态性是指企业经营中环境要素的变化程度，包括了市场环境的动态性、竞争强度的动态性和客户需求的动态性等。基于权变理论，企业会根据环境的变化适当地调整自身的经营活动。双元能力是企业应对市场环境变化建立核心创业优势的重要手段。Jansen 等（2006）提出环境动态性能正向调节探索式创新与绩效的关系。在后续研究中，Jansen 等（2009）又发现当环境动态性比较高的时候，现有产品极易被淘汰，此时对内的开发行为已经不能适应动态环境的快速变化，甚至可能导致企业产能落后。但这并不影响探索能力促进企业发展。因为企业会更多地进行对外的探索式变革，以保证自身优势和市场占有率。这说明环境动态性可以强化探索能力对企业绩效的影响，但是其对开发能力与创业绩效的调节作用并不显著。也有研究从竞争强度的动态性来分析，认为竞争强度会调节双元创新与企业产出之间的关系，但关于不同强度的竞争对双元创新的作用机制的研究结果并不聚敛。为了满足现有顾客和市场的需求，企业也需要对现有的技术、产品及服务等进行开发式创新。在静态的环境里，企业一般选择建立稳定路径来管理。而根据前文分析，环境的动态性将对基于相对稳定环境的开发能力产生负向调节。

从创业拼凑与创业绩效的关系来看，在环境动态性加剧的场域下，企业更加注重资源拼凑，以此来保证企业目标的实现。张怀英等（2021）认为不论环境动态性低还是高都会正向调节创业拼凑和创业绩效的关系。当动态性较低时，企业所面临的技术竞争和市场变化也相对稳定，通过对内部资源的拼凑行为就可以很好地实现既定目标。但是，当环境动态性较高时，企业需要通过开发新产品来应对危机，这就促使企业通过创业拼凑尽可能地开发高性价比的外部资源来提升绩效。基于如上分析，本书拟提出如下假设：

H44：环境动态性在探索能力和财务绩效关系间起正向调节作用

H45：环境动态性在探索能力和成长绩效关系间起正向调节作用

H46：环境动态性在开发能力和财务绩效关系间起负向调节作用

H47：环境动态性在开发能力和成长绩效关系间起负向调节作用

H48：环境动态性在创业拼凑和财务绩效关系间起正向调节作用

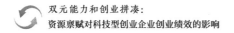
H49：环境动态性在创业拼凑和成长绩效关系间起正向调节作用

第三节　概念模型构建

为了能更好地进行分维度的测量与分析，根据提出的研究假设，本书分维度构建了一系列概念模型。图 4-3-1、图 4-3-2 和图 4-3-3 分别展示了科技型创业企业资源禀赋分维度的直接关系概念模型。

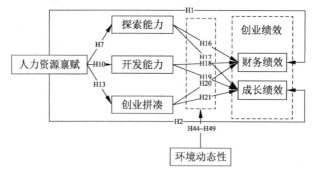

图 4-3-1　科技型创业企业人力资源禀赋与创业绩效直接关系概念模型

如图 4-3-1 所示，科技型创业企业人力资源禀赋对财务绩效和成长绩效有直接影响，对双元能力中的探索能力和开发能力均产生影响。同时，人力资源禀赋对创业拼凑有直接影响。探索能力、开发能力和创业拼凑均分别对财务绩效和成长绩效产生直接影响。环境动态性在双元能力各维度和创业绩效各维度两两关系间起调节作用。此外，环境动态性在创业拼凑与创业绩效的两个维度间分别起调节作用。

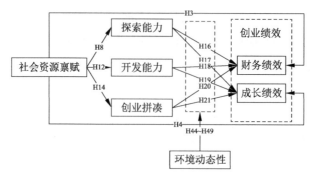

图 4-3-2　科技型创业企业社会资源禀赋与创业绩效直接关系概念模型

如图 4-3-2 所示，科技型创业企业社会资源禀赋对财务绩效和成长绩效有直接影响，对双元能力中的探索能力和开发能力均产生影响。同时，社会资源禀赋对创业拼凑有直接影响。探索能力、开发能力和创业拼凑均分别对财务绩效和成长绩效产生直接影响。环境动态性在双元能力各维度和创业绩效各维度两两关系间起调节作用。此外，环境动态性在创业拼凑与创业绩效的两个维度间分别起调节作用。

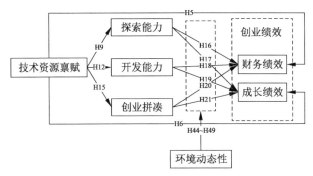

图 4-3-3　科技型创业企业技术资源禀赋与创业绩效直接关系概念模型

如图 4-3-3 所示，科技型创业企业技术资源禀赋对财务绩效和成长绩效有直接影响，对双元能力中的探索能力和开发能力均产生影响。同时，技术资源禀赋对创业拼凑有直接影响。探索能力、开发能力和创业拼凑均分别对财务绩效和成长绩效产生直接影响。环境动态性在双元能力各维度和创业绩效各维度两两关系间起调节作用。此外，环境动态性在创业拼凑与创业绩效的两个维度间分别起调节作用。

图 4-3-4、图 4-3-5 和图 4-3-6 分别为探索能力、开发能力和创业拼凑的中介关系概念模型。如图所示，探索能力分别在人力资源禀赋和创业绩效的两个维度（财务绩效和成长绩效）中发挥中介作用。同时，探索能力还在社会资源禀赋与创业绩效的两个维度（财务绩效和成长绩效）中发挥中介作用。开发能力分别在人力资源禀赋和创业绩效的两个维度（财务绩效和成长绩效）中发挥中介作用。同时，开发能力还在技术资源禀赋与创业绩效的两个维度（财务绩效和成长绩效）中发挥中介作用。创业拼凑分别在科技型创业企业资源禀赋的三个维度（包括人力资源禀赋、社会资源禀赋和技术资源禀赋）与创业绩效的两个维度（包括财务绩效和成长绩效）之间起中介作用。

图 4-3-4　探索能力的中介关系概念模型

图 4-3-5　开发能力的中介关系概念模型

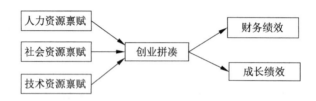

图 4-3-6　创业拼凑的中介关系概念模型

　　图 4-3-7、图 4-3-8 和图 4-3-9 为链式关系的概念模型。如图所示，探索能力和创业拼凑在人力资源禀赋与财务绩效和成长绩效间分别发挥链式中介的作用；开发能力和创业拼凑在人力资源禀赋与财务绩效和成长绩效之间分别发挥链式中介的作用。探索能力和创业拼凑在社会资源禀赋与财务绩效和成长绩效间分别发挥链式中介的作用；开发能力和创业拼凑在技术资源禀赋与财务绩效和成长绩效之间分别发挥链式中介的作用。

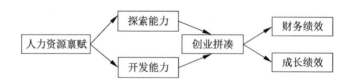

图 4-3-7　科技型创业企业人力资源禀赋与创业绩效的链式关系概念模型

图 4-3-8　科技型创业企业社会资源禀赋与创业绩效的链式关系概念模型

图 4-3-9 科技型创业企业技术资源禀赋与创业绩效链式关系概念模型

第四节 本章小结

本章依据已有文献成果，并结合前一章质性研究的语料分析，对科技型创业企业的创业资源禀赋、双元能力、创业拼凑和创业绩效进行了维度划分。将科技型创业企业的创业资源禀赋划分为人力资源禀赋、社会资源禀赋和技术资源禀赋；将双元能力分为探索能力和开发能力；将创业拼凑和环境动态性视为单维度变量；将创业绩效分为财务绩效和成长绩效。

本章根据前文研究和理论框架，提出了 49 个研究假设，从直接效应、中介效应、链式中介效应和调节效应 4 个角度出发，为进一步发现各维度间的关系，笔者对变量进行了分维度假设分析，总结如表 4-4-1 所示。随后，本章根据假设形成了分效应的概念模型，为后续研究奠定了基础。

表 4-4-1 基于理论框架的研究假设

类别	假设编号	假设
直接效应	H1	科技型创业企业人力资源禀赋与财务绩效正相关
	H2	科技型创业企业人力资源禀赋与成长绩效正相关
	H3	科技型创业企业社会资源禀赋与财务绩效正相关
	H4	科技型创业企业社会资源禀赋与成长绩效正相关
	H5	科技型创业企业技术资源禀赋与财务绩效正相关
	H6	科技型创业企业技术资源禀赋与成长绩效正相关
	H7	科技型创业企业人力资源禀赋对探索能力有积极影响
	H8	科技型创业企业社会资源禀赋对探索能力有积极影响
	H9	科技型创业企业技术资源禀赋对探索能力有消极影响
	H10	科技型创业企业人力资源禀赋对开发能力有积极影响

续表

类别	假设编号	假设
直接效应	H11	科技型创业企业社会资源禀赋对开发能力有消极影响
	H12	科技型创业企业技术资源禀赋对开发能力有积极影响
	H13	科技型创业企业人力资源禀赋与创业拼凑正相关
	H14	科技型创业企业社会资源禀赋与创业拼凑正相关
	H15	科技型创业企业技术资源禀赋与创业拼凑正相关
	H16	探索能力与财务绩效负相关
	H17	探索能力与成长绩效正相关
	H18	开发能力与财务绩效正相关
	H19	开发能力与成长绩效负相关
	H20	创业拼凑与财务绩效正相关
	H21	创业拼凑与成长绩效正相关
中介效应	H22	探索能力在科技型创业企业人力资源禀赋和财务绩效之间的正相关关系中起中介作用
	H23	探索能力在科技型创业企业人力资源禀赋和成长绩效之间的正相关关系中起中介作用
	H24	探索能力在科技型创业企业社会资源禀赋和财务绩效之间的正相关关系中起中介作用
	H25	探索能力在科技型创业企业社会资源禀赋和成长绩效之间的正相关关系中起中介作用
	H26	开发能力在科技型创业企业人力资源禀赋和财务绩效之间的正相关关系中起中介作用
	H27	开发能力在科技型创业企业人力资源禀赋和成长绩效之间的正相关关系中起中介作用
	H28	开发能力在科技型创业企业技术资源禀赋和财务绩效之间的正相关关系中起中介作用
	H29	开发能力在科技型创业企业技术资源禀赋和成长绩效之间的正相关关系中起中介作用
	H30	创业拼凑在科技型创业企业人力资源禀赋和财务绩效之间的正相关关系中起中介作用
	H31	创业拼凑在科技型创业企业人力资源禀赋和成长绩效之间的正相关关系中起中介作用
	H32	创业拼凑在科技型创业企业社会资源禀赋和财务绩效之间的正相关关系中起中介作用

续表

类别	假设编号	假设
中介效应	H33	创业拼凑在科技型创业企业社会资源禀赋和成长绩效之间的正相关关系中起中介作用
	H34	创业拼凑在科技型创业企业技术资源禀赋和财务绩效之间的正相关关系中起中介作用
	H35	创业拼凑在科技型创业企业技术资源禀赋和成长绩效之间的正相关关系中起中介作用
链式中介效应	H36	探索能力和创业拼凑在科技型创业企业人力资源禀赋和财务绩效之间起链式中介作用
	H37	探索能力和创业拼凑在科技型创业企业人力资源禀赋和成长绩效之间起链式中介作用
	H38	探索能力和创业拼凑在科技型创业企业社会资源禀赋和财务绩效之间起链式中介作用
	H39	探索能力和创业拼凑在科技型创业企业社会资源禀赋和成长绩效之间起链式中介作用
	H40	开发能力和创业拼凑在科技型创业企业人力资源禀赋和财务绩效之间起链式中介作用
	H41	开发能力和创业拼凑在科技型创业企业人力资源禀赋和成长绩效之间起链式中介作用
	H42	开发能力和创业拼凑在科技型创业企业技术资源禀赋和财务绩效之间起链式中介作用
	H43	开发能力和创业拼凑在科技型创业企业技术资源禀赋和成长绩效之间起链式中介作用
	H44	环境动态性在探索能力和财务绩效关系间起正向调节作用
	H45	环境动态性在探索能力和成长绩效关系间起正向调节作用
	H46	环境动态性在开发能力和财务绩效关系间起负向调节作用
	H47	环境动态性在开发能力和成长绩效关系间起负向调节作用
	H48	环境动态性在创业拼凑和财务绩效关系间起正向调节作用
	H49	环境动态性在创业拼凑和成长绩效关系间起正向调节作用

第五章

科技型创业企业资源禀赋对创业绩效影响研究的量表设计

本章主要进行了量表的设计。通过结合已有量表范式并充分考虑科技型创业企业的特点，笔者构建了初始量表。随后，笔者对初始量表分别进行了试测及预测试，通过共同方法偏差检验、信效度检验后，形成实证研究需要的正式量表。

第一节　量表设计程序

科学合理地设计量表是实证研究开展的前提。本书在已有相关研究的基础上，结合前文质性研究成果及构建的理论模型，依据如下程序进行研究量表的设计：首先，以既有的相关研究文献为基础，充分参考国内外相关研究的成熟量表，同时将前文质性研究访谈中发现的科技型创业企业的特点尽可能融入题项的设计中，形成初始量表。其次，对初始量表分别进行试测，邀请相关的专家和企业负责人为初始量表提出合理的建议和意见，初步验证并提升量表的可行性。最后，将初始量表进行小范围样本收集，并对量表进行相应的预测试，对信效度进行检验，形成正式量表。

第二节　变量操作化定义与初始量表设计

一、科技型创业企业资源禀赋的测量

创业资源禀赋是创业企业拥有的资源，可以分为人力资源、财务资源、技术资源、物质资源、知识资源、组织资源、文化资源、信息资源等。基于科技型创业企业的特点，本书将其创业资源禀赋分为人力资源禀赋、社会资源禀赋和技术资源禀赋。变量的测量均使用 Likert 5 级量表（1 表示完全不同意，2 表示不同意，3 表示不确定，4 表示同意，5 表示完全同意）。

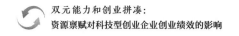
1. 科技型创业企业人力资源禀赋

科技型创业企业人力资源禀赋影响企业原始创新活动的成败。研究表明，科技型企业对人力资源的需求是多层面的，既需要高素质的管理型人才，又需要高能力的研发人才，还需要普通员工。然而，不论哪一种人才，都不能忽视在学校学习的知识是人力资源的主要构成内容这一事实。因此，教育背景和先前经验是创业者人力资本的主要指标。先前经验可分为创业经验、行业经验和管理经验。通过走访共9位不同科技型创业企业负责人、6位员工和2位省级以上创业园区管理人员后，我们发现，随着数字化时代的到来，高校培养了大批信息技术人才，科技型创业企业大量出现，且绝大多数新创企业均以行业经验不足2年的员工为主。行业经验能帮助企业获得行业外人士难以获得的知识和信息，有助于创业者了解市场的需求。同时，也有研究发现，拥有更丰富社会网络资源的创业者能识别更多的机会。而这与行业经验的优势具有同一性。因此，本书认为，行业经验是来源于企业社会网络资源的隐性经验，故将其从人力资源禀赋的题项中删除，具体内容见表5-2-1。

表 5-2-1　人力资源禀赋的测量题项

变量名称	编号	测量题项	文献来源
人力资源禀赋	RL1	本企业拥有的本科学历及以上的员工很多	Fischer 等，1993；Politis，2005
	RL2	本企业员工有丰富的工作经验	
	RL3	本企业员工有丰富的创业或管理经历	

2. 科技型创业企业社会资源禀赋

社会资源禀赋是指企业与其外部利益相关者的联系。在国内最早的研究中，社会资源即社会关系网络。目前，尽管学界并没有形成统一的定义，但是人们普遍认为社会资源禀赋包含企业和与其相关的政府、高校、科研院所、商业伙伴、家人等的关系。从测度上看，有的将社会资本划分为内部资本和外部资本，有的将其划分为政府关系、企业关系和企业内部员工关系。科技型创业企业对技术的要求较高，与高校、科研机构的联系很密切。同时，在我国转型经济发展的大背景下，政府对科技型企业的优惠政策层出不穷，也使这类企业与政府的联系更紧密了。通过前文质性研究的访谈可以发现，很多科技型创业企业在创业园区有着良好的关系网络，员工之间交流频繁，这得益于园区管委会的推动，反映出科技型创业公司之间关系密切。基于科技型创业企业的特点，本书运用 4 个题项来测量社会资源禀赋，如表 5-2-2。

表 5-2-2　社会资源禀赋的测量题项

变量名称	编号	测量题项	文献来源
社会资源禀赋	SH1	本企业与政府机构联系密切	贺小刚等，2006
	SH2	本企业与大学、科研机构联系密切	
	SH3	本企业与客户群、供应商联系密切	
	SH4	本企业与其他相关企业联系密切	

3. 技术资源禀赋

科技型创业企业与其他类型创业企业相比，具有产品更新快、技术人员多、研发投入大等特点。其产品是技术转化的成果，其人员是富有技术研发能力的人才，其投入的大部分资金用于解决技术难题。因此，本书认为技术资源是科技型创业企业最重要的资源禀赋之一，是创业企业生存与发展的关键。企业技术成果以专利为主要形式。科技型企业以专利为代表的技术资源被认为是一项信号机制。科技型创业企业的建立源于专利的转化。因此本书认为专利的数量是衡量技术资源的重要指标。在创业前期，由于对技术资源的追求，科技型创业企业对技术研发的资金投入比例很大，研究与开发经费占销售收入的比例较高，技术研发的资金投入成为创业前期的主要资金去向，且以技术资源吸引并获得外部风险资本的投资成为科技企业创业成败的关键。因此本书将技术资金投入的情况纳入技术资源禀赋的范围。同时，研发人员在科技型企业中占比高，是企业不可或缺的技术资源。根据调研发现，有些科技型创业企业在创业之初只有研发人员，并无业务人员，这足以说明研发人才是科技型创业企业发展的动力来源，亦是核心的技术资源禀赋。基于上述分析，本书将研发人员从人力资源禀赋中剥离出来，并将其数量作为科技型创业企业技术资源禀赋的重要指标，见表 5-2-3。

表 5-2-3　技术资源禀赋的测量题项

变量名称	编号	测量题项	文献来源
技术资源禀赋	JS1	本企业拥有的专利较多	宋春霞，2019；周霞和宋清，2014
	JS2	本企业的研发投入较多	
	JS3	本企业研发人员数量较多	

二、双元能力的测量

　　探索能力和开发能力被学者们以多种方式进行了测量。探索能力是对新产品、新渠道、新知识的追求，包括搜寻、变化、发现、创新、风险承担等活动能力。开发能力是对已有事务、现有技术等的利用，包括优化、筛选、效率、选择、充实、实施、生产等能力。目前对能力的测量多以主观测量为主。He 和 Wong（2004）对探索能力和开发能力进行了测度内容的研究，他们认为探索能力应包括："引进新产品和服务""开发新市场寻找新客户""扩展产品范围"和"进入新的技术领域"；开发能力包括："降低成本""提高产量降低耗能""提高生产柔性""提高产品质量"。随后，"企业可以有效地从内部创造或外部获取所需要的新技术领域的知识""在既有市场上试验新的产品和服务""企业试验突破性的新工作方法""公司尝试新的分销渠道或方式"等测度被纳入对探索能力的测度中；"改进现有产品和服务质量""企业不断降低成本""公司最大可能地利用了现有资源提升技术"等被纳入开发能力的测度中。基于对已有文献的研究和调研访谈的分析和归纳，本书提炼出了双元能力的测量题项，见表 5-2-4。

表 5-2-4　双元能力的测量题项

变量名称	编号	测量题项	文献来源
探索能力	TS1	本企业拥有并且开发了较多的产品或服务	
	TS2	本企业总是不断追求、创造新技术或者新服务	
	TS3	本企业总是能快速获取全新的管理和组织方法	
	TS4	本企业并购或收购了相关企业	
	TS5	本企业从外部引进新产品和服务	

变量名称	编号	测量题项	文献来源
探索能力	TS6	本企业积极开拓新市场、寻找新客户	He 和 Wong（2004）；Jansen 等；朱朝晖和陈劲（2007）；肖丁丁（2013）
	TS7	本企业积极推广新产品或新服务	
开发能力	KF1	本企业总能将现有资源充分用于提高技术能力	
	KF2	本企业能够持续完善现有产品开发、服务和生产流程	
	KF3	本企业总能充分利用社会关系，并与相关企业关系密切，组成产业联盟	
	KF4	本企业不断为顾客挑选、提供现有的产品或服务	
	KF5	本企业在现有市场引进改进过的产品或服务	
	KF6	本企业不断提升对现有客户的服务水平	
	KF7	本企业尽可能降低产品生产和服务的成本	

三、创业拼凑的测量

创业拼凑一般被认为是单维度构念。目前，对创业拼凑的研究所使用的题项大部分来自由 Senyard 等（2009）开发的 8 个题项。同时，也有部分学者认为创业拼凑是多维度的构念。目前关于创业拼凑的维度划分并未得到学界的统一。鉴于 Senyard 等（2009）提出的创业拼凑的题项得到了多数研究的选择和广泛的认可，本书拟使用这一成熟量表进行测量，见表 5-2-5。

表 5-2-5　创业拼凑的测量题项

变量名称	编号	测量题项	文献来源
创业拼凑	EB1	面对新的挑战时，本企业有信心能用企业现有资源找到可行的解决方案	Senyard 等（2009）；祝振铎（2015）；Davidsson 等（2017）
	EB2	本企业能够利用现有的资源应对更多的挑战	
	EB3	本企业善于利用任何现有资源应对创业中的新问题和新机会	
	EB4	本企业能够整合现有资源和廉价获得的资源应对新的挑战	
	EB5	面对新的挑战时，本企业能够通过现有的资源组合成可行的解决方案并采取行动	

变量名称	编号	测量题项	文献来源
创业拼凑	EB6	通过整合现有资源，本企业能够成功应对任何新挑战	
	EB7	面对新挑战时，本企业通过现有资源组合可行的解决方案	
	EB8	本企业通过整合原本并非用于这一计划的资源以成功应对新的挑战	

四、科技型创业企业创业绩效的测量

科技型创业企业的创业绩效应当体现企业特点。根据 Chrisman 等（1998）和易朝辉等（2019）的研究，创业绩效可分为财务绩效和成长绩效两个维度。其中，财务绩效能够直观地反映企业发展的状况，包括市场占有率、投资回报率及收益率等。成长绩效受到所有创业企业的关注，根据 Li 和 Atuahene-Gima（2001）对成长绩效题项的设计，成长绩效包括员工数量的增长、销售增长、公司规模的增长和市场份额的增长等。由于科技型创业企业的创新动力足，本书认为创新速度是衡量其成长绩效的重要指标。因此，结合前人研究成果和科技型创业企业的实际情况，本书将科技型创业企业创业绩效的测量题项总结如下，见表 5-2-6。

表 5-2-6　科技型创业企业创业绩效的测量题项

变量名称	编号	测量题项	文献来源
财务绩效	FP1	本企业利润增长快	Chrisman 等（1998）；易朝辉等（2019）；Li 等（2001）
	FP2	本企业投资收益率高	
	FP3	本企业市场份额扩大多	
成长绩效	GP1	本企业员工数量增长快	
	GP2	本企业销售额增长速度快	
	GP3	本企业净收益增长速度快	
	GP4	本企业新业务开发量增长快	
	GP5	本企业创新速度快	
	GP6	本企业市场份额增长速度快	

五、环境动态性的测量

创业环境动态性是指创业者或者创业企业处在一种不断发生但无法预知变化的环境中的状态。Jaworski 和 Kohli（1993）认为应从技术动态性和市场动态性两个角度进行测量。其中，市场动态性主要关注顾客的需求、变化和满意度；技术的动态性关注技术的提升速度、技术为企业带来的机遇和挑战，以及企业是否能预知未来趋势等方面。该测量题项设置已被众多研究运用并验证。也有研究从技术的更迭速度、市场的多样性、行业的竞争力、产品的多样化、顾客的需求等方面进行测量。本书参考以上成熟量表，并根据前文访谈进行了进一步整理，形成了科技型创业企业环境动态性测量题项，见表 5-2-7。

表 5-2-7　科技型创业企业环境动态性的测量题项

变量名称	编号	测量题项	文献来源
环境动态性	HJ1	本行业的顾客群体偏好变化很快	Jaworski 和 Kohli（1993）；岳金桂和于叶（2019）
	HJ2	新顾客和老顾客对产品或服务的需求有差异	
	HJ3	行业内技术变化很快	
	HJ4	企业很难预测本行业内竞争对手的行动	
	HJ5	企业很难预测到消费者需求的变化	
	HJ6	已有客户总是喜欢寻求新的产品和服务	
	HJ7	行业内专业人员（尤其是技术人员）流动较快	

六、样本特征的选取

本书选取了一系列统计样本特征的题项以判断问卷的有效性，亦不排除以减少这些因素可能对研究结果产生的影响。根据文献梳理和前期的实地走访，本书将科技型创业企业所在的地区、创立的年限、是否确认为科技型中小企业或高新技术企业等因素纳入问卷，以便在实证分析中进行观察分析。

如前文分析所示，科技型创业企业对技术水平要求相对较高，不同的社会经济环境会对其发展产生影响，从而产生群聚的效应。以 2020 年为例，在科技型中小企业入库数量排名中，前 5 名为江苏（26373 个）、广东（20603 个）、山东（11907 个）、河南（7994 个）和四川（7846 个）。从数量上看，江苏和广东科技型中小企业入库数量远超其他省份，具有非常明显的领先优势。根据国家统计局同年各省份 GDP 的统计排名，江苏、广东和山东仍然位居前三位。说明区域经济大环境和区域性政策会影响科技型企业的发展。因此，本书将企业所在区域作为调研的一个特征进行采集。

根据人口统计学的特征，不同性别的创业者在创业动机、创业路径、创业产业方向、创业企业管理等方面存在显著的不同。因此，本书将受访者的性别作为特征采集之一。

对科技型中小企业和高新技术企业的认定是由科技部牵头的目前我国最权威的评价企业类型的方式。对于已经通过认定且入库的科技型创业企业，我们应当在研究中予以关注；对于处在创业初创期且以科研技术研发作为主要驱动力的企业，我们也当将其列入调研对象。

不同行业的企业存在不同的特征。比如制造业企业的规模一般较大，而服务业企业的规模一般较小。不同规模的企业在管理方式、人才需求等各方面都存在差异。同时，不同的规模还可能会造成对环境动态性反应的速度的不同。通常情况下，小型企业反应迅速，而规模稍大的企业在进行决策部署时往往程序烦琐且耗时长。因此本书将企业所属的行业领域作为一项特征采集。

根据前文研究，目前对创业企业的创立年限设定并未形成统一。结合已有研究并基于本书的需要，本书将创立年限在 8 年以下的企业定为科技型创业企业，以 5 年作为初创期和成长期的分界。不同创业年限的科技型创业企业遇到的资源困难和处理资源危机的方式均不同，因此成立年限是本书的采集特征之一。

从对企业信息完整性的把握上来看，企业初始团队成员对企业从建立初期到成长期的整体情况了解得更全面。与中途加入创业企业的员工和管理者相比，他们更能发现创业企业成长过程中的问题。因此，本书将是否为创业企业初始团队成员作为采集特征之一。

创业管理层的教育经历与创业绩效有显著的正向关系。不同教育经历的创业者和管理者在思考问题的角度上存在差异，他们对创业资源禀赋的认知、利用，以及对创业环境变化的反应也各不相同，因而对创业绩效产生不同的影响。因此，本书将受访者的学历作为特征采集。

第三节　初始量表形成

调查问卷法是社会科学领域常见的研究方法。基于前文对相关构念的讨论和对主要变量的测度的确定，本书设计了相关的调查问卷。依据合理性、逻辑性、非诱导性、主客观结合性等原则，调查问卷分为引导语、基本信息、创业资源禀赋、双元能力、创业拼凑、创业绩效、创业环境和结语8个部分。

引导语将调查问卷的来源、用处、填写要求等进行说明，以便接受调研者能够迅速了解问卷的主要内容和填写问卷的方法。问卷的基本信息部分采取自愿的形式收集企业名称，以便后续筛选，这部分对企业所在地、企业资格认定、企业所处行业领域、企业成立年限、企业规模、填写者学历、填写者职位、填写者是否是初始创业团队成员和填写者的性别进行统计。问卷的主体部分以创业资源禀赋、双元能力、创业拼凑、创业绩效和环境动态性的顺序进行问卷设计，测量题项参考前述第五章第二节。问卷结语部分对填写问卷者的联系方式进行自愿性收集，以便后续回访。

第四节　量表试测

初始量表主要是通过梳理既有研究并结合科技型创业企业的特点而形成。在量表的实测环节，本书通过联系课题组专家和前文扎根研究时进行访谈的部分企业负责人，向他们请教了量表的题项表述和基本设置，并依据建议进行了局部修正。以此使问卷语言描述适合进行大规模发放填写，并保证调研对象能够理解各题项设置的具体含义。

第五节　量表预测试

　　本书涉及的量表中大部分源自目前学界的成熟量表，有较好的信度和效度水平。但为了更贴合科技型创业企业的特征，本书对部分变量进行了调整。问卷的预测试能够尽可能避免在正式测试时由于问卷不合理而造成结果的偏差。因此，本书对初始量表进行了小范围预测试。预调研选择了江苏省苏南某市 36 家科技型创业企业作为预调研对象，共发放问卷 360 份，回收问卷 334 份，剔除信息不完整的、所有选项全部一致的无效问卷后得到有效预测试问卷 257 份，有效回收率 76.9%。其中男性被试 110 人，女性被试 147 人，被试问卷背景资料统计结果见表 5-5-1。在预测试过程中，使用 SPSS 23.0 对预测试数据进行信度和效度的检验。

表 5-5-1　预测试回收有效问卷背景资料统计

变量	类别	人数	比例/%
行业领域	制造业	169	65.8
	服务业	16	6.2
	金融业	2	0.8
	电子与信息技术	34	13.2
	生物医药	6	2.3
	航空航天	1	0.4
	其他	29	11.3
成立年限	5 年及以下	66	25.7
	6~8 年	36	14.0
	9 年及以上	155	60.3
公司规模	10 人以下	20	7.8
	11~100 人	147	57.2
	101~300 人	51	19.8
	300 人以上	39	15.2

续表

变量	类别	人数	比例/%
学历	专科及以下	71	27.6
	本科	142	55.3
	硕士	40	15.6
	博士	4	1.6
职位级别	普通员工	51	19.8
	基层管理者	40	15.6
	中层管理者	89	34.6
	高层管理者	77	30.0
是否为创业团队成员	是	90	35.0
	否	167	65.0
性别	男	110	42.8
	女	147	57.2

首先，对预测数据进行信度检验。信度反映了数据内部的异质性和可信性，主要表现检验结果的一贯性、一致性、再现性和稳定性。可以通过测算 Cronbach's α 系数来进行信度检验。

α 值越高，表示问卷内各项目的结果越趋于一致，代表量表内的信度越佳。一般来说，当 Cronbach's α 系数大于 0.8 时，信度水平高，数据一致性很高；系数处于 0.7~0.8 时，信度较好；系数大于 0.65，则表明经过修改后的问卷具有良好的信度。

经过测算，本书问卷总体信度达到 0.923。各信度结果见表 5-5-2。由表中数据可知，本次问卷调查各维度的信度值均高于 0.8，结果稳定性较高，具有一定的可信度。

从表 5-5-2 可见，经过调整后各维度和变量的 Cronbach's α 系数均大于 0.8，可认为问卷具有良好的信度。其中，社会资源禀赋、技术资源禀赋、探索能力、创业拼凑和财务绩效 Cronbach's α 系数均高于 0.9，信度水平高，稳定性可靠。

表 5-5-2 预测试信度检验

变量	维度	观测指标	删除后项与总计相关性	删除项后 α	维度信度	问卷信度
创业资源禀赋	人力资源禀赋	RL1	0.699	0.744	0.826	0.871
		RL2	0.714	0.729		
		RL3	0.638	0.803		
	社会资源禀赋	SH1	0.799	0.882	0.910	
		SH2	0.767	0.893		
		SH3	0.818	0.877		
		SH4	0.801	0.881		
	技术资源禀赋	JS1	0.775	0.937	0.920	
		JS2	0.891	0.843		
		JS3	0.852	0.873		
双元能力	探索能力	TS1	0.800	0.929	0.939	0.879
		TS2	0.830	0.927		
		TS3	0.782	0.931		
		TS4	0.694	0.938		
		TS5	0.770	0.932		
		TS6	0.865	0.923		
		TS7	0.859	0.924		
	开发能力	KF1	0.646	0.869	0.883	
		KF2	0.714	0.861		
		KF3	0.545	0.881		
		KF4	0.728	0.859		
		KF5	0.661	0.868		
		KF6	0.757	0.855		
		KF7	0.665	0.867		

续表

变量	维度	观测指标	删除后项与总计相关性	删除项后 α	维度信度	问卷信度
创业拼凑	创业拼凑	EB1	0.771	0.928	0.936	0.936
		EB2	0.772	0.928		
		EB3	0.767	0.929		
		EB4	0.716	0.932		
		EB5	0.798	0.927		
		EB6	0.798	0.926		
		EB7	0.861	0.922		
		EB8	0.754	0.931		
创业绩效	财务绩效	FP1	0.840	0.860	0.912	0.882
		FP2	0.829	0.870		
		FP3	0.802	0.891		
	成长绩效	GP1	0.724	0.866	0.888	
		GP2	0.689	0.870		
		GP3	0.757	0.859		
		GP4	0.722	0.865		
		GP5	0.650	0.876		
		GP6	0.688	0.870		
创业环境动态性	创业环境动态性	HJ1	0.657	0.837	0.861	0.861
		HJ2	0.573	0.849		
		HJ3	0.637	0.840		
		HJ4	0.682	0.834		
		HJ5	0.588	0.847		
		HJ6	0.656	0.838		
		HJ7	0.611	0.844		

其次，对预测数据进行探索性因子分析。效度检验可以检验每个题项是否对量表发挥了重要作用。首先对预测试回收的数据进行 KMO 测度和 Bartlett 球形检验。当 KMO>0.9，且 Bartlett 的球形度检验显著性 $p<0.05$ 时，表明该变量非常适合进行主成分分析；当 0.8<KMO<0.9 时，很适合做因子分析；0.7<KMO<0.8 时，一般适合做因子分析；0.6<KMO<0.7 时，不太适合做因子分析；KMO 的值小于 0.5 时，则不适合做因子分析。在 KMO 及 Bartlett 的球形度检验结果基础上，通过方差解释率中各因子初始特征值及总方差解释率判断量表中因子数量。另外，当因子载荷值矩阵中各题目指标在对应因子维度上载荷值高于 0.5，且在其余因子维度上载荷值低于 0.5 时，表明量表的区分性和聚合性较好，量表的效度较高。

本次问卷调查中预测试分因子分析结果 KMO=0.883>0.7，且 Bartlett 的球形度检验结果 $p<0.001$，非常适合进行主成分分析，KMO 测度和 Bartlett 球形检验结果见表 5-5-3。

表 5-5-3 KMO 测度和 Bartlett 球形检验结果

KMO	Bartlett 球形检验近似卡方值	自由度	显著性
0.883	8639.909	1128	0.000

总方差解释率计算结果中，共有 9 个主成分因子的初始特征值高于 1，且第 9 与第 10 因子之间特征值、解释率变化明显，因此可以提取出 9 个独立的主成分因子，其中第一因子解释率 24.269%<40%，问卷不存在严重的共同方法偏差效应，9 个因子的累积方差解释率达到 70.712%>70%，能够代表大部分的方差变异量。见表 5-5-4。

表 5-5-4 总方差解释

成分	初始特征值			提取载荷平方和			旋转载荷平方和		
	总计	方差百分比	累积百分比/%	总计	方差百分比	累积百分比/%	总计	方差百分比	累积百分比/%
1	11.649	24.269	24.269	11.649	24.269	24.269	5.825	12.136	12.136
2	4.653	9.693	33.962	4.653	9.693	33.962	5.285	11.011	23.147
3	3.973	8.278	42.240	3.973	8.278	42.240	4.337	9.036	32.183

成分	初始特征值			提取载荷平方和			旋转载荷平方和		
	总计	方差百分比	累积百分比/%	总计	方差百分比	累积百分比/%	总计	方差百分比	累积百分比/%
4	3.321	6.918	49.158	3.321	6.918	49.158	4.065	8.468	40.651
5	2.864	5.967	55.125	2.864	5.967	55.125	3.981	8.294	48.946
6	2.556	5.325	60.450	2.556	5.325	60.450	3.250	6.770	55.716
7	1.960	4.084	64.534	1.960	4.084	64.534	2.475	5.156	60.872
8	1.523	3.173	67.707	1.523	3.173	67.707	2.394	4.988	65.860
9	1.442	3.005	70.712	1.442	3.005	70.712	2.329	4.852	70.712
10	0.898	1.871	72.582						
11	0.788	1.641	74.223						
12	0.693	1.444	75.668						
13	0.648	1.350	77.018						
14	0.610	1.272	78.289						
15	0.584	1.216	79.505						
16	0.560	1.166	80.671						
17	0.554	1.154	81.825						
18	0.525	1.094	82.919						
19	0.516	1.075	83.995						
20	0.490	1.021	85.016						
21	0.472	0.984	86.000						
22	0.458	0.955	86.954						
23	0.420	0.875	87.829						
24	0.394	0.821	88.650						
25	0.386	0.803	89.454						
26	0.371	0.772	90.226						
27	0.339	0.706	90.932						

续表

成分	初始特征值			提取载荷平方和			旋转载荷平方和		
	总计	方差百分比	累积百分比/%	总计	方差百分比	累积百分比/%	总计	方差百分比	累积百分比/%
28	0.330	0.688	91.620						
29	0.319	0.665	92.285						
30	0.296	0.616	92.901						
31	0.284	0.591	93.492						
32	0.269	0.561	94.052						
33	0.263	0.549	94.601						
34	0.254	0.528	95.130						
35	0.232	0.484	95.613						
36	0.225	0.469	96.082						
37	0.217	0.452	96.534						
38	0.209	0.436	96.970						
39	0.203	0.423	97.393						
40	0.188	0.391	97.784						
41	0.174	0.363	98.147						
42	0.163	0.339	98.487						
43	0.155	0.323	98.810						
44	0.146	0.305	99.114						
45	0.126	0.263	99.377						
46	0.116	0.242	99.619						
47	0.100	0.209	99.828						
48	0.083	0.172	100.000						

提取方法：主成分分析法。

在旋转后的载荷值矩阵计算结果中，各个维度的观测指标均在同一个因子下载荷值高于0.5，且在其余因子上载荷值低于0.5，因此问卷中各观测指标均具有较好的聚合性与区分性。见表5-5-5。

表 5-5-5 旋转后的成分矩阵[a]

观测指标	成分								
	1	2	3	4	5	6	7	8	9
RL1	0.120	0.068	0.096	0.012	0.012	0.232	0.088	0.040	**0.822**
RL2	0.101	−0.008	0.121	0.073	0.036	0.069	0.116	0.039	**0.849**
RL3	0.143	0.098	0.042	0.110	0.127	0.031	0.059	−0.045	**0.800**
SH1	0.112	0.173	0.002	0.026	0.115	**0.838**	0.103	0.128	0.129
SH2	0.153	0.093	0.015	0.108	0.048	**0.808**	0.196	0.032	0.177
SH3	0.223	0.106	0.038	0.062	0.044	**0.830**	0.197	0.072	0.069
SH4	0.253	0.115	0.097	0.110	0.156	**0.815**	0.106	0.093	−0.007
JS1	0.140	0.140	0.127	0.169	0.059	0.276	**0.773**	0.145	0.082
JS2	0.176	0.072	0.171	0.166	0.094	0.220	**0.863**	0.054	0.091
JS3	0.175	0.069	0.155	0.158	0.110	0.176	**0.849**	0.098	0.164
TS1	0.169	**0.827**	0.022	0.034	0.039	0.065	0.130	0.035	0.000
TS2	0.174	**0.848**	0.058	0.036	−0.035	0.108	0.092	−0.036	−0.020
TS3	0.192	**0.809**	0.020	0.071	0.050	0.066	0.099	0.050	−0.023
TS4	0.067	**0.765**	0.026	0.120	0.008	0.037	−0.030	−0.027	0.152
TS5	0.082	**0.815**	0.167	0.030	0.090	0.105	−0.042	0.058	−0.002
TS6	0.142	**0.894**	0.024	−0.006	−0.010	0.081	−0.018	−0.004	0.055
TS7	0.157	**0.887**	0.035	−0.024	−0.040	0.027	0.051	0.042	0.030
KF1	0.099	0.006	**0.706**	0.169	0.117	−0.016	0.134	0.025	0.153
KF2	0.019	0.061	**0.780**	0.085	0.008	−0.029	0.197	0.010	0.112
KF3	0.115	−0.083	**0.633**	0.079	0.059	0.101	0.062	−0.036	0.061
KF4	0.040	0.110	**0.821**	0.022	−0.105	−0.047	−0.023	−0.003	0.029
KF5	0.121	0.110	**0.725**	0.026	0.089	0.024	0.173	0.093	0.010
KF6	0.017	0.050	**0.856**	0.022	0.030	−0.035	−0.060	−0.044	−0.047
KF7	0.050	0.089	**0.752**	0.133	0.015	0.155	−0.041	−0.020	−0.009
EB1	**0.736**	0.256	0.016	0.179	0.106	0.160	0.074	0.104	0.101
EB2	**0.806**	0.141	0.061	0.049	0.005	0.090	0.051	0.110	0.121

观测指标	成分								
	1	2	3	4	5	6	7	8	9
EB3	**0.793**	0.204	0.043	0.118	0.014	0.051	0.089	0.009	0.072
EB4	**0.742**	0.120	0.095	0.070	0.059	0.041	0.055	0.133	0.150
EB5	**0.782**	0.203	0.077	0.127	0.093	0.108	0.091	0.112	0.096
EB6	**0.796**	0.053	0.134	0.209	0.119	0.147	0.052	0.092	−0.010
EB7	**0.854**	0.114	0.083	0.171	0.055	0.114	0.024	0.129	0.025
EB8	**0.771**	0.073	0.056	0.155	0.067	0.157	0.128	0.106	−0.044
FP1	0.210	0.037	−0.033	0.256	0.141	0.129	0.071	**0.844**	−0.004
FP2	0.254	0.007	0.062	0.256	0.121	0.117	0.117	**0.819**	0.059
FP3	0.278	0.045	−0.039	0.208	0.094	0.096	0.096	**0.819**	−0.014
GP1	0.183	0.049	0.012	**0.773**	0.128	0.064	0.087	0.068	0.118
GP2	0.184	0.100	0.060	**0.734**	0.043	−0.005	0.028	0.235	0.066
GP3	0.036	0.066	0.160	**0.831**	0.035	−0.003	0.041	0.143	0.000
GP4	0.102	−0.009	0.138	**0.784**	0.092	0.079	0.081	0.114	−0.041
GP5	0.242	0.008	0.162	**0.693**	0.056	0.058	0.142	−0.004	0.082
GP6	0.184	0.047	0.026	**0.739**	0.131	0.120	0.087	0.109	0.036
HJ1	0.068	0.065	0.106	0.131	**0.734**	0.155	−0.009	0.119	−0.053
HJ2	0.101	−0.039	0.050	0.001	**0.680**	0.172	−0.025	−0.021	−0.005
HJ3	0.144	−0.041	0.114	0.082	**0.717**	0.076	0.150	−0.074	−0.012
HJ4	−0.080	0.024	−0.019	0.037	**0.801**	0.064	−0.020	−0.011	0.056
HJ5	0.012	0.003	−0.146	0.034	**0.717**	−0.063	0.047	0.109	−0.010
HJ6	0.090	0.016	0.095	0.065	**0.742**	−0.055	0.044	0.118	0.087
HJ7	0.071	0.070	0.016	0.116	**0.697**	0.006	0.064	0.081	0.129

提取方法：主成分分析法。
旋转方法：Kaiser 正态化最大方差法。
a. 旋转在 6 次迭代后已收敛。

第六节　正式量表形成

为了能保证问卷调查的顺利进行，本书根据预测试的结果结合相关从业人员反馈的建议，对问卷的部分题项表述进行了极少量调整，修正了虽然影响不大但略有歧义的题项，进一步优化了问卷，使受访者能够更清楚问卷研究的目的和问题所要表述的意义。经过与质性研究阶段参与访谈的部分企业管理层的进一步了解，结合预测试反映的现实情况，本书基本确定了正式调研所需的问卷，为下一步实证研究的开展奠定基础。调查问卷见附录三。

第七节　本章小结

本章节首先依据访谈案例和已有研究制定初始量表，并进行试测和预测试。根据预调研的结果进行信度效度的检验后，确定正式量表。

在试测环节，由长期进行创业研究的相关专家、教师、博士研究生对初始问卷进行讨论和修正，并邀请在质性研究中参与访谈的部分企业负责人参与试测。将他们提出的修改建议整合后对量表进行优化，随后进行预测试。对回收的 257 份有效样本进行预测试后形成正式量表，为下一章实证检验提供合适的调研工具。

第六章

科技型创业企业资源禀赋对创业绩效影响的实证研究

本章将利用前文研究所形成的正式量表对部分科技型创业企业开展调研，通过对回收的数据进行实证检验以验证研究假设，发现变量间的相互作用及直接效应、中介效应和调节效应。

第一节　样本选择与数据收集

本书的研究对象为科技型创业企业。根据第四章对研究范围内各概念的界定，调查问卷面向成立 1~8 年的科技型中小企业和 3 个会计年~8 年的高新技术企业，且这里的科技型中小企业和高新技术企业均应为在册的相关企业。对通过政府认证的入库企业开展调查可以在数据收集的第一步就限定好研究对象的范围，减少无效问卷干扰的概率。基于以上问卷发放的原则，本书的问卷主要通过江苏省高新技术创业服务中心以工作群、问卷星等形式向全省范围内相关企业发放。该中心为江苏省科技厅直属的科技创业服务机构，能够为调查问卷的精准发放提供便利，提高后期数据处理和实证分析的可信度。

为了使研究科学性更强，问卷数量应至少为题项的 5 倍。因此为了保证在剔除无效样本后能达到要求，笔者所在的课题组从 2021 年 4 月至 2021 年 10 月共发放问卷 612 份。剔除江苏省外问卷、留有空项的问卷和有明显倾向性的问卷后，剩余有效问卷 485 份，问卷有效回收率为 79.2%。有效问卷数量符合研究需要。

第二节　样本特征

在预测试调研结果的基础上，采用基本一致的问卷工具进行正式问卷调查。基本信息收集中加入了"是否已认定科技型中小企业"这一项。由于本次调查问卷的发放对象均为江苏省在册或已入库的科技型企业，该选项为"否"的经核实均为已认定的高新技术企业，符合研究对象的限定要求。其中有效样本485份，男性被试207人，女性被试278人，具体分布结果见表6-2-1。从表中可知，在行业领域方面，来自制造业企业的受访者最多，占总样本的66.4%；剔除成立年限超过8年的企业后，以成立年限6~8年的企业居多，占总样本的57.7%；公司规模上，以10~100人的规模为主，占总样本的59.0%；受访者的学历以本科学历为主，占总样本的58.8%；受访者的职位级别以中层管理者为主，占总样本的40.0%；有161位受访者是创业团队的成员，但是绝大多数都不是；从性别上看，女性受访者比例高于男性。

表 6-2-1　样本特征分布

变量	类别	人数/人	比例/%
是否认定科技型中小企业	是	380	78.4
	否	105	21.6
行业领域	制造业	322	66.4
	服务业	26	5.4
	金融业	2	0.4
	电子与信息技术	78	16.1
	生物医药	17	3.5
	航空航天	3	0.6
	其他	37	7.6
成立年限	3年及以下	112	23.1
	3~5年	93	19.2
	6~8年	280	57.7
公司规模	10人以下	33	6.8
	10~100人	286	59.0
	101~300人	84	17.3
	300人以上	82	16.9

续表

变量	类别	人数/人	比例/%
学历	专科及以下	135	27.8
	本科	285	58.8
	硕士	60	12.4
	博士	5	1.0
职位级别	普通员工	99	20.4
	基层管理者	91	18.8
	中层管理者	194	40.0
	高层管理者	101	20.8
是否为创业团队成员	是	161	33.2
	否	324	66.8
性别	男	207	42.7
	女	278	57.3

第三节　共同方法偏差检验

共同方法偏差是一种系统误差，会严重影响研究的有效性。在实证研究中，数据的来源、测量的时间、问卷的设计等因素都有可能导致共同方法偏差。一般来说，控制或减少共同方法偏差采取两种方式：一是在研究设计的环节上加以控制，通过多种数据收集的方式、设置不同级别数量的likert量表、异地异时测量等方式对共同方法偏差进行程序上的控制；二是通过统计手段对共同方法偏差进行控制。笔者所在的课题组在发放问卷时采用点对点的方式，收集数据存在时间差且过程中对数据来源进行了严格的筛选。虽然在预测试阶段已经对预测试数据进行了相关检验，但由于极少量题目在语言上进行了优化，于是在正式测试阶段，本研究采用Harman单因素检验法再次进行共同方法偏差检验。本研究通过SPSS 23.0对所收集的数据进行探索性因素分析，采用旋转主成分分析结果，并仅考察根大于1的因子数。一般如果第一因子的累积百分比小于40%，那么视为共同方法偏差存在的可能性很小，对问卷的有效性不会产生很大影响。经过测算，本书收集的有效样本数据中，公共因子对变量的解释度达到70.522%，问卷的解释度高；未经旋转的第一个因子解释变量占总变异的33.718%，未达到40%的判断标准。由此可以认为，未产生足以影响研究有效性的共同方法偏差。

第四节　描述性统计分析

本书运用SPSS 23.0，根据485份有效问卷的作答结果合成各变量得分，采用描述性统计分析方法计算各变量的分布情况，包括均值、标准差、峰度和偏度等测量指标，见表6-4-1。其中各变量偏度系数绝对值小于2，峰度系数绝对值小于4，因此变量基本满足近似正态分布条件，在进行参数估计时不会产生估计偏差。

表6-4-1　测量题项的描述性统计

编号	均值	标准差	最小值	最大值	峰度	偏度
RL1	3.63	0.83	1	5	-0.047	-0.352
RL2	3.72	0.84	1	5	0.612	-0.795
RL3	3.42	0.82	1	5	0.003	-0.063
SH1	3.59	0.99	1	5	-0.441	-0.406
SH2	3.60	0.99	1	5	-0.400	-0.465
SH3	3.87	0.97	1	5	0.474	-0.912
SH4	3.61	0.97	1	5	-0.014	-0.601
JS1	3.94	0.87	1	5	1.407	-1.105
JS2	4.02	0.80	1	5	1.945	-1.090
JS3	3.88	0.85	1	5	1.214	-0.946
TS1	3.69	0.99	1	5	0.105	-0.723
TS2	3.81	0.99	1	5	0.561	-0.943
TS3	3.65	0.92	1	5	0.364	-0.720
TS4	3.61	0.96	1	5	-0.247	-0.372
TS5	3.54	0.91	1	5	0.256	-0.540
TS6	3.80	1.05	1	5	-0.066	-0.829

续表

编号	均值	标准差	最小值	最大值	峰度	偏度
TS7	3.80	1.03	1	5	−0.183	−0.758
KF1	3.66	1.11	1	5	−0.406	−0.590
KF2	3.68	1.08	1	5	−0.232	−0.641
KF3	3.61	1.01	1	5	−0.351	−0.357
KF4	3.75	1.10	1	5	−0.401	−0.659
KF5	3.67	1.03	1	5	−0.250	−0.538
KF6	3.81	1.11	1	5	−0.412	−0.680
KF7	3.67	1.11	1	5	−0.566	−0.498
EB1	3.61	1.02	1	5	0.187	−0.670
EB2	3.63	0.99	1	5	0.537	−0.757
EB3	3.61	1.00	1	5	0.241	−0.627
EB4	3.57	0.98	1	5	0.401	−0.706
EB5	3.65	0.98	1	5	0.496	−0.747
EB6	3.51	0.98	1	5	0.191	−0.548
EB7	3.58	0.99	1	5	0.276	−0.612
EB8	3.47	0.97	1	5	0.026	−0.394
FP1	3.49	1.01	1	5	−0.819	0.159
FP2	3.44	1.02	1	5	−0.617	0.106
FP3	3.59	0.95	1	5	−0.769	−0.004
GP1	3.29	0.85	1	5	−0.104	−0.302
GP2	3.50	0.85	1	5	0.254	−0.457
GP3	3.31	0.84	1	5	0.214	−0.248
GP4	3.41	0.83	1	5	0.452	−0.489
GP5	3.56	0.81	1	5	0.719	−0.594
GP6	3.42	0.83	1	5	0.435	−0.403
HJ1	3.24	0.89	1	5	−0.526	−0.078
HJ2	3.48	0.76	1	5	0.076	−0.324
HJ3	3.57	0.80	1	5	0.113	−0.573
HJ4	3.26	0.83	1	5	−0.236	−0.009
HJ5	3.13	0.87	1	5	−0.555	0.164
HJ6	3.46	0.83	1	5	−0.307	−0.396
HJ7	3.39	0.85	1	5	−0.517	−0.271

（注：样本量 $n=485$）

在相关系数计算及检验结果中，对模型涉及的变量进行 Pearson 相关性分析，见表 6-4-2。从表中可知，各变量间的相关系数均在合理范围内，不存在较大偏差，符合基本预期。从核心变量间的相关性分析结果来看，创业环境动态性与人力资源禀赋、社会资源禀赋、技术资源禀赋，以及开发能力、财务绩效之间不存在显著的相关关系；探索能力与财务绩效的相关未达到显著性水平，其余变量两两之间均存在显著的正向相关关系。前一章的研究假设得到了初步验证。因此，描述性统计分析显示样本数据符合分析要求。

表 6-4-2　相关系数矩阵

观测指标	RL	SH	JS	TS	KF	EB	FP	GP	HJ
RL	1								
SH	0.380**	1							
JS	0.376**	0.310**	1						
TS	0.208**	0.385**	0.216**	1					
KF	0.438**	0.107*	0.388**	0.260**	1				
EB	0.571**	0.546**	0.558**	0.520**	0.581**	1			
FP	0.618**	0.401**	0.540**	0.083	0.633**	0.673**	1		
GP	0.454**	0.631**	0.438**	0.547**	0.148**	0.666**	0.356**	1	
HJ	−0.042	0.014	0.083	0.211**	0.024	0.108*	0.053	0.132**	1

（注：样本量 $n = 485$，* 表示 $p < 0.05$，** 表示 $p < 0.01$）

第五节　信效度检验

信度检验可以保证样本数据的内部一致性。因此，一般在研究开始时需要首先进行信度检验。对正式调研数据进行内部信度的检验，要求 Cronbach's α 系数至少应大于 0.7。通过检测，问卷总体信度达到 0.953，且各变量及变量所属维度的信度检验结果均在 0.8 以上，见表 6-5-1。因此正式问卷调查结果同样具有较好的可信度与稳定性。

表 6-5-1 各变量的信度检验

变量	维度	维度信度	问卷信度
创业资源禀赋	人力资源禀赋	0.871	0.877
	社会资源禀赋	0.930	
	技术资源禀赋	0.917	
双元能力	探索能力	0.934	0.902
	开发能力	0.922	
创业拼凑	-	-	0.942
创业绩效	财务绩效	0.847	0.882
	成长绩效	0.926	
创业环境动态性	-	-	0.911

为了保证极少部分的题项修改能够保证问卷的效度，在正式问卷调研中将运用 Mplus 8.3 采用验证性因素分析模型对正式问卷调查的结果进行效度分析。效度主要包括内容效度、结构效度、聚合效度和区分效度。内容效度主要检验量表描述的有效性；结构效度主要检验因子与题项对应的关系是否符合预期；聚合效度主要检验应在相同因子下的题项是否确实处于同一因子下；区分效度与聚合效度相反，主要验证不应在相同因子下的题项确实不在同一因子下。

研究所使用的各维度量表大多数来源于研究相对成熟的量表，并且结合了科技型创业企业的特点，通过质性研究、访谈和预测试的结果对问卷进行了前期检验，结果显示问卷内容效度良好。在模型拟合度检验结果中，RMSEA = 0.022 < 0.08，CFI = 0.987 > 0.9，TLI = 0.985 > 0.9，χ^2/df = 1285.869/1044 = 1.232 < 3，SRMR = 0.030 < 0.08，各项参数指标均符合分析要求，这表明模型具有较好的结构效度。

载荷值计算结果中，各变量及不同维度所属预测指标的标准化载荷值均在 0.7 以上，且组合信度 CR 值均高于 0.8，平均方差提取量 AVE 均高于 0.6，各变量即不同维度均具有较强的聚合效度，见表 6-5-2。

表 6-5-2　效度检验分析结果

维度	观测指标	标准化载荷	SE	p	CR	AVE
人力资源禀赋	RL1	0.800	0.020	<0.001	0.874	0.698
	RL2	0.886	0.015	<0.001		
	RL3	0.818	0.019	<0.001		
社会资源禀赋	SH1	0.863	0.014	<0.001	0.931	0.771
	SH2	0.888	0.012	<0.001		
	SH3	0.887	0.012	<0.001		
	SH4	0.873	0.013	<0.001		
技术资源禀赋	JS1	0.837	0.016	<0.001	0.920	0.794
	JS2	0.933	0.010	<0.001		
	JS3	0.901	0.012	<0.001		
探索能力	TS1	0.814	0.017	<0.001	0.934	0.670
	TS2	0.853	0.014	<0.001		
	TS3	0.737	0.022	<0.001		
	TS4	0.776	0.020	<0.001		
	TS5	0.785	0.019	<0.001		
	TS6	0.881	0.012	<0.001		
	TS7	0.871	0.013	<0.001		
开发能力	KF1	0.821	0.017	<0.001	0.922	0.630
	KF2	0.793	0.019	<0.001		
	KF3	0.740	0.022	<0.001		
	KF4	0.827	0.016	<0.001		
	KF5	0.784	0.019	<0.001		
	KF6	0.817	0.017	<0.001		
	KF7	0.770	0.020	<0.001		

维度	观测指标	标准化载荷	SE	p	CR	AVE
创业拼凑	EB1	0.853	0.014	<0.001	0.942	0.671
	EB2	0.825	0.016	<0.001		
	EB3	0.807	0.017	<0.001		
	EB4	0.813	0.017	<0.001		
	EB5	0.831	0.015	<0.001		
	EB6	0.801	0.017	<0.001		
	EB7	0.849	0.014	<0.001		
	EB8	0.772	0.020	<0.001		
财务绩效	FP1	0.823	0.018	<0.001	0.848	0.651
	FP2	0.813	0.019	<0.001		
	FP3	0.784	0.020	<0.001		
成长绩效	GP1	0.853	0.014	<0.001	0.927	0.678
	GP2	0.813	0.017	<0.001		
	GP3	0.803	0.018	<0.001		
	GP4	0.837	0.015	<0.001		
	GP5	0.771	0.020	<0.001		
	GP6	0.860	0.014	<0.001		
创业环境动态性	HJ1	0.774	0.021	<0.001	0.913	0.600
	HJ2	0.846	0.016	<0.001		
	HJ3	0.732	0.023	<0.001		
	HJ4	0.741	0.023	<0.001		
	HJ5	0.709	0.025	<0.001		
	HJ6	0.773	0.021	<0.001		
	HJ7	0.836	0.016	<0.001		

在模型区分效度的比较中，通常采用潜变量间相关系数与变量本身 AVE 的开方值大小关系进行判断，当两个变量之间的相关系数低于这两个变量本身 AVE 的开方值时，表明变量间的关联性小于变量自身的聚合性，

即模型能够对变量进行有效区分。

根据以上原则，将检验参数汇总至表 6-5-3。表中对角线位置为 AVE 开方值，其余为变量间相关系数矩阵。由表中数据可知，各个变量两两之间的相关系数均不高于对应变量对角线位置取值，模型具有较好的区分效度。

表 6-5-3　Pearson 相关与 AVE 开方值

观测指标	RL	SH	JS	TS	KF	EB	FP	GP	HJ
RL	0.835								
SH	0.415**	0.878							
JS	0.410**	0.336**	0.891						
TS	0.235**	0.414**	0.229**	0.818					
KF	0.482**	0.114*	0.413**	0.278**	0.794				
EB	0.621**	0.582**	0.589**	0.552**	0.622**	0.819			
FP	0.706**	0.453**	0.602**	0.090	0.708**	0.750**	0.807		
GP	0.500**	0.674**	0.472**	0.584**	0.162**	0.713**	0.401**	0.823	
HJ	−0.035	0.017	0.088	0.232**	0.027	0.120*	0.065	0.148**	0.774

（注：* 表示 $p<0.05$，** 表示 $p<0.01$，斜对角线为 AVE 开方值）

第六节　假设检验

本研究运用 Mplus 8.3 软件，对前文提出的 49 条假设进行了检验。通过建立结构方程模型分析变量中的多重中介，该方法即可以同时处理显变量和潜变量，还能够同时分析多个自变量、因变量和中介变量的关系（方杰等，2014）。本研究以人力资源禀赋、社会资源禀赋、技术资源禀赋为自变量，以探索能力、开发能力为链式中介中第一组中介变量，以创业拼凑为链式中介中第二组中介变量，以财务绩效与成长绩效为因变量，建立了链式中介效应分析模型，以检验模型中变量回归关系及中介效应是否成立。其中，模型 RMSEA $= 0.023 < 0.08$，CFI $= 0.988 > 0.9$，TLI $= 0.987 > 0.9$，$\chi^2/\mathrm{df} = 1.249 < 3$，SRMR $= 0.041 < 0.08$，中介模型中各拟合度指标均

符合要求，表示该模型具有较好的结构效度。

一、直接效应检验

研究采用回归分析，验证科技型创业企业资源禀赋和创业绩效、创业资源禀赋和双元能力、双元能力和创业绩效等的直接效应。具体结果见表 6-6-1。

表 6-6-1　回归效应分析结果

回归路径			β	SE	p
RL	$\rightarrow$	FP	0.232	0.038	<0.001
RL	$\rightarrow$	GP	0.167	0.039	<0.001
SH	$\rightarrow$	FP	0.200	0.045	<0.001
SH	$\rightarrow$	GP	0.202	0.043	<0.001
JS	$\rightarrow$	FP	0.144	0.035	<0.001
JS	$\rightarrow$	GP	0.134	0.037	<0.001
RL	$\rightarrow$	TS	0.065	0.059	0.275
SH	$\rightarrow$	TS	0.355	0.052	<0.001
JS	$\rightarrow$	TS	0.088	0.054	0.104
RL	$\rightarrow$	KF	0.428	0.056	<0.001
SH	$\rightarrow$	KF	−0.156	0.051	0.002
JS	$\rightarrow$	KF	0.292	0.056	<0.001
RL	$\rightarrow$	EB	0.193	0.037	<0.001
SH	$\rightarrow$	EB	0.293	0.038	<0.001
JS	$\rightarrow$	EB	0.219	0.035	<0.001
TS	$\rightarrow$	FP	−0.387	0.035	<0.001
TS	$\rightarrow$	GP	0.241	0.038	<0.001
KF	$\rightarrow$	FP	0.370	0.041	<0.001
KF	$\rightarrow$	GP	−0.379	0.043	<0.001
EB	$\rightarrow$	FP	0.367	0.064	<0.001
EB	$\rightarrow$	GP	0.499	0.065	<0.001
TS	$\rightarrow$	EB	0.249	0.032	<0.001
KF	$\rightarrow$	EB	0.343	0.034	<0.001

从回归系数计算及检验结果来看，科技型创业企业人力资源禀赋对财务绩效、成长绩效存在显著的正向回归影响，标准化回归系数分别为0.232与0.167，$p<0.001$，因此假设H1与假设H2成立。科技型创业企业社会资源禀赋对财务绩效和成长绩效存在显著正向回归影响，其标准化回归系数分别为0.200和0.202，且$p<0.001$，因此假设H3和假设H4成立。科技型创业企业技术资源禀赋对财务绩效、成长绩效同样存在显著的正向回归影响，其标准化回归系数分别为0.144和0.134，$p<0.001$，因此假设H5和假设H6成立。在自变量与中介变量之间的关系检验中，科技型创业企业的人力资源禀赋与探索能力回归影响不显著、技术资源禀赋对探索能力回归影响也不显著。但是科技型创业企业的社会资源禀赋对探索能力存在显著的正向回归影响。因此，假设H7和假设H9不成立、假设H8成立。从科技型创业企业资源禀赋与开发能力的关系检验结果来看，人力资源禀赋和技术资源禀赋均对开发能力有显著的正向回归影响，其标准化回归系数分别为0.428和0.292，且$p<0.001$，因此假设H10和假设H12成立。从科技型创业企业社会资源禀赋与开发能力的回归检验结果来看，标准化回归系数为-0.156，$p=0.002<0.005$，说明两者间存在显著的负向回归影响。因此假设H11成立。在科技型创业企业资源禀赋和创业拼凑的回归检验中，人力资源禀赋、社会资源禀赋和技术资源禀赋的标准化回归系数分别为0.193、0.293和0.219，且三个回归路径的p值均小于0.001，说明三个维度均对创业拼凑有显著的正向影响。因此，假设H13、H14和H15成立。在双元能力对创业绩效的影响中，探索能力对财务绩效存在显著的负向影响，其标准化回归系数为-0.387，$p<0.001$；同时，开发能力对成长绩效也存在显著的负向影响，其标准版回归系数为-0.379，$p<0.001$。而探索能力与成长绩效、开发能力与财务绩效这两条回归路径的标准化回归系数分别为0.241和0.370，$p<0.001$，说明均存在显著的正向影响。基于此，假设H16、H17、H18和H19均成立。此外，创业拼凑对成长绩效、财务绩效均存在显著的正向回归影响，其标准化回归系数分别为0.367和0.499，$p<0.001$。因此假设H20和假设H21成立。

除上述假设外，模型中成长能力与探索能力对创业拼凑同样存在显著的正向回归影响，因此模型中可能同时存在简单中介及链式中介效应。

二、中介效应检验

为了进一步比较各中介效应量大小关系与显著性,本书借助 SPSS 23.0 和 Mplus 8.3,通过采用 Bootstrap 法抽样 1000 次,对模型中各中介效应量进行分解计算。Bootstrap 法是一种重复抽样的方法,前提条件是样本能够代表总体,一般抽样次数不少于 1000 次。其优势在于,不需要进行分布假设,可以避免系数乘积检验中被测数据的分布与假设不一致的情况。如果结果中中介效应的 95% 区间内含有 0,则中介效应不显著。具体检验结果见表 6-6-2。

表 6-6-2　中介效应分析

假设序号	中介路径	效应量	SE	p	95%下限	95%上限
H22	RL→TS→FP	−0.025	0.023	0.286	−0.071	0.021
H23	RL→TS→GP	0.016	0.014	0.273	−0.012	0.044
H24	SH→TS→FP	−0.137	0.023	<0.001	−0.182	−0.093
H25	SH→TS→GP	0.086	0.019	<0.001	0.048	0.124
H26	RL→KF→FP	0.159	0.024	<0.001	0.111	0.207
H27	RL→KF→GP	−0.162	0.031	<0.001	−0.223	−0.102
H28	JS→KF→FP	0.108	0.024	<0.001	0.060	0.156
H29	JS→KF→GP	−0.110	0.025	<0.001	−0.160	−0.061
H30	RL→EB→FP	0.071	0.018	<0.001	0.036	0.106
H31	RL→EB→GP	0.096	0.023	<0.001	0.051	0.142
H32	SH→EB→FP	0.107	0.024	<0.001	0.061	0.154
H33	SH→EB→GP	0.146	0.027	<0.001	0.093	0.200
H34	JS→EB→FP	0.081	0.020	<0.001	0.042	0.119
H35	JS→EB→GP	0.110	0.023	<0.001	0.065	0.154
H36	RL→TS→EB→FP	0.006	0.006	0.308	−0.005	0.017
H37	RL→TS→EB→GP	0.008	0.008	0.289	−0.007	0.023
H38	SH→TS→EB→FP	0.032	0.008	<0.001	0.017	0.048
H39	SH→TS→EB→GP	0.044	0.009	<0.001	0.026	0.063

续表

假设序号	中介路径	效应量	SE	p	95%下限	95%上限
H40	RL→KF→EB→FP	0.054	0.014	<0.001	0.027	0.081
H41	RL→KF→EB→GP	0.073	0.016	<0.001	0.043	0.104
H42	JS→KF→EB→FP	0.037	0.010	<0.001	0.017	0.057
H43	JS→KF→EB→GP	0.050	0.013	<0.001	0.025	0.075

由表中数据可知，对探索能力而言，探索能力在人力资源禀赋和财务绩效、成长绩效之间不存在显著的中介效应，其95%置信区间分别为 $[-0.071, 0.021]$ 和 $[-0.012, 0.044]$，均包含0，因此假设H22与假设H23不成立。科技型创业企业社会资源禀赋通过探索能力对财务绩效和成长绩效影响的效应量分别为 -0.137 和0.086，置信区间分别为 $[-0.182, -0.093]$ 和 $[0.048, 0.124]$，均不包含0，且 p 值均小于0.001。因此，探索能力在科技型创业企业社会资源禀赋和财务绩效及成长绩效之间都发挥了中介作用。假设H24和假设H25成立。

对开发能力而言，科技型创业企业人力资源禀赋通过开发能力影响创业绩效。其对财务绩效影响的效应量为0.159，置信区间为 $[0.111, 0.207]$，且 $p<0.001$，因此假设H26成立。科技型创业企业人力资源禀赋通过开发能力影响成长绩效的路径效应量为 -0.162，置信区间为 $[-0.223, -0.102]$，且 $p<0.001$，说明假设H27成立。科技型创业企业技术资源禀赋通过开发能力影响财务绩效，其效应量为0.108，置信区间为 $[0.060, 0.156]$，且 $p<0.001$，说明假设H28成立。科技型创业企业技术资源禀赋通过开发能力影响成长绩效，其效应量为 -0.110，置信区间为 $[-0.160, -0.061]$，且 $p<0.001$，说明假设H29成立。

从创业拼凑发挥的中介效应来看，科技型创业企业人力资源禀赋通过创业拼凑分别对财务绩效和成长绩效产生影响，其对应的效应量分别为0.071和0.096，置信区间分别为 $[0.036, 0.106]$ 和 $[0.051, 0.142]$，未包含0，且 p 值均小于0.001。因此，假设H30和假设H31成立。同时，创业拼凑在科技型创业企业社会资源禀赋和财务绩效、成长绩效之间亦分别发挥了显著中介作用。中介效应量分别为0.107和0.146，置信区间分

别为 [0.061, 0.154] 和 [0.093, 0.200]，未包含 0，且 p 值均小于 0.001。假设 H32 和假设 H33 成立。此外，创业拼凑还在科技型创业企业技术资源禀赋和财务绩效及成长绩效之间发挥了中介作用，其对应的效应量分别为 0.081 和 0.110，置信区间分别为 [0.042, 0.119] 和 [0.065, 0.154]，未包含 0，且 p 值均小于 0.001，中介效应显著。因此假设 H34 和假设 H35 成立。

从双元能力和创业拼凑可能发挥的链式中介作用来检验，出现了部分假设成立和部分假设不成立的结果。假设 H36 和 H37 由于置信区间分别为 [-0.005, 0.017] 和 [-0.007, 0.023]，均包含 0，所以这两个假设都不成立，探索能力和创业拼凑并不能在科技型创业企业人力资源禀赋和创业绩效之间发挥链式中介作用。但是，探索能力在科技型创业企业社会资源禀赋和创业绩效之间发挥了显著的链式中介作用。"社会资源禀赋—开发能力—创业拼凑—财务绩效"这条路径的效应值为 0.032；"社会资源禀赋—开发能力—创业拼凑—成长绩效"这条路径的效应值为 0.044；置信区间前者为 [0.017, 0.048]，后者为 [0.026, 0.063]，均不包含 0，且 $p<0.001$，所以假设 H38 和假设 H39 成立。开发能力和创业拼凑在科技型创业企业人力资源禀赋和创业绩效之间也发挥了链式中介作用，因为"人力资源禀赋—开发能力—创业拼凑—财务绩效"这条路径的效应值为 0.054，"人力资源禀赋—开发能力—创业拼凑—成长绩效"这条路径的效应值为 0.073，置信区间前者为 [0.027, 0.081]，后者为 [0.043, 0.104]，均不包含 0，且 $p<0.001$，所以假设 H40 和假设 H41 成立。最后，经过检验，开发能力和创业拼凑在科技型创业企业技术资源禀赋和创业绩效之间也发挥了链式中介作用，具体而言，"技术资源禀赋—开发能力—创业拼凑—财务绩效"这条路径的效应值为 0.037，"技术资源禀赋—开发能力—创业拼凑—成长绩效"这条路径的效应值为 0.050，置信区间前者为 [0.017, 0.057]，后者为 [0.025 和 0.075]，均不包含 0，且 $p<0.001$，所以假设 H42 和假设 H43 成立。

综上分析，所有中介效应假设中，除假设 H22、H23、H36 和 H37 不成立，其他假设均成立，中介效应显著，存在相关的链式中介。

三、调节效应检验

调节效应会影响自变量和因变量之间的正负或强弱关系。本部分以创业环境动态性为调节变量，检验在探索能力、开发能力、创业拼凑对财务绩效和成长绩效的影响过程中，创业环境动态性是否起到了显著的调节作用。在层级回归分析中，将财务绩效和成长绩效作为因变量，将探索能力、开发能力和创业拼凑分别作为自变量，将探索能力、开发能力和创业拼凑分别与环境动态性做中心化处理，然后对其数值两两相乘，对乘积项进行回归分析。回归检验结果显示见表6-6-3。

表6-6-3 环境动态性的调节效应检验结果

回归路径			β	SE	p	95%下限	95%上限
TS	→	FP	−0.363	0.054	<0.001	−0.479	−0.257
KF	→	FP	0.372	0.041	<0.001	0.289	0.444
EB	→	FP	0.626	0.061	<0.001	0.511	0.743
HJ	→	FP	0.061	0.035	0.035	−0.003	0.127
TS×HJ	→	FP	0.182	0.049	<0.001	0.083	0.272
KF×HJ	→	FP	−0.117	0.046	0.015	−0.208	−0.024
EB×HJ	→	FP	0.012	0.047	0.405	−0.096	0.099
TS	→	GP	0.272	0.042	<0.001	0.197	0.354
KF	→	GP	−0.300	0.037	<0.001	−0.376	−0.234
EB	→	GP	0.632	0.050	<0.001	0.527	0.725
HJ	→	GP	−0.004	0.030	0.452	−0.058	0.062
TS×HJ	→	GP	0.139	0.043	<0.001	0.049	0.216
KF×HJ	→	GP	−0.109	0.041	0.002	−0.187	−0.022
EB×HJ	→	GP	0.088	0.042	0.013	0.010	0.168

探索能力与环境动态性的交互项TS×HJ对财务绩效存在显著的正向回归影响，非标准化系数为0.182，$p<0.001$，置信区间不含0，因此创业环境动态性的正向调节效应显著；开发能力与环境动态性的交互项KF×HJ对财务绩效存在显著的负向回归影响，非标准化系数为−0.117，$p=0.015<0.05$，

置信区间不含 0，因此创业环境动态性的负向调节效应显著；创业拼凑与创业环境动态性的交互项 EB×HJ 对财务绩效的回归影响不显著，$p=0.405>0.05$，且置信区间含 0，因此环境动态性的调节效应不成立。由此可知，假设 H44 和假设 H46 成立，而假设 H48 不成立。

另外，探索能力和创业拼凑分别与创业环境动态性的交互项 TS×HJ 和 EB×HJ 对成长绩效存在显著的正向回归影响，非标准化系数分别为 0.139 和 0.088，p 值分别小于 0.001 和 0.05，置信区间均不含 0，因此假设 H45 和假设 H49 成立。而开发能力与创业环境动态性的交互项 KF×HJ 对成长绩效存在显著的负向回归影响，非标准化系数为 -0.109，$p=0.002<0.05$，且置信区间不含 0，因此假设 H47 成立。综上可知，调节效应中除假设 H48 不成立，其余假设 H44 至 H49 成立。

为了更直观地展示环境动态性发挥的调节作用，研究参考 Aiken 和 West（1991）提出的方法，绘制了相应的调节效应图。

图 6-6-1 展示了环境动态性在探索能力和财务绩效之间发挥的正向调节作用。如图可知，对高环境动态性来说，探索能力对财务绩效有较强的正向影响；当环境动态性较低时，探索能力对财务绩效有负向影响。这进一步证明假设 H44 成立。

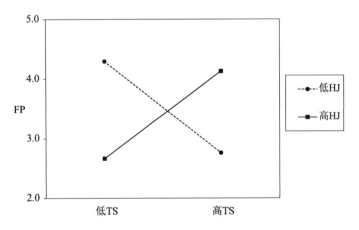

图 6-6-1　环境动态性在探索能力和财务绩效之间的调节作用

图 6-6-2 展示了环境动态性在探索能力和成长绩效之间发挥的正向调节作用。如图可知，对高环境动态性来说，探索能力对财务绩效有很强的正向影响；当环境动态性较低时，探索能力对财务绩效有较弱的负向影

响。这进一步证明假设 H45 成立。

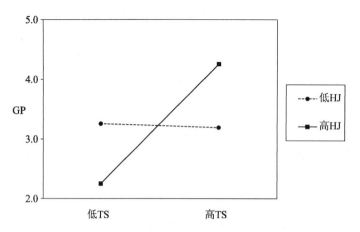

图 6-6-2　环境动态性在探索能力和成长绩效之间的调节作用

图 6-6-3 展示了环境动态性在开发能力和财务绩效之间发挥的负向调节作用。如图可知，对高环境动态性来说，开发能力对财务绩效有较强的正向影响；当环境动态性较低时，开发能力对财务绩效的正向影响更强。这进一步证明假设 H46 成立。

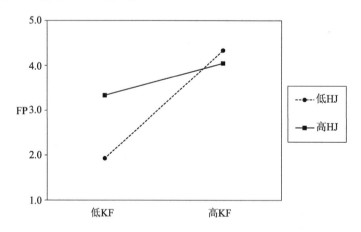

图 6-6-3　环境动态性在开发能力和财务绩效之间的调节作用

图 6-6-4 展示了环境动态性在开发能力和成长绩效之间发挥的负向调节作用。如图可知，对高环境动态性来说，开发能力对成长绩效有较强负向影响；当环境动态性较低时，开发能力对成长绩效有较弱的正向影响。这进一步证明假设 H47 成立。

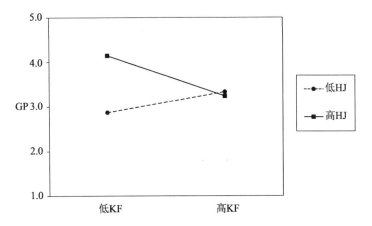

图 6-6-4　环境动态性在开发能力和成长绩效之间的调节作用

　　图 6-6-5 展示了环境动态性在创业拼凑和成长绩效之间发挥的正向调节作用。对高环境动态性来说，创业拼凑对成长绩效有很强的正向影响；当环境动态性较低时，开发能力对成长绩效仍有较强的正向影响。这进一步证明假设 H49 成立。

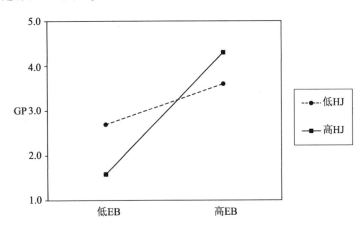

图 6-6-5　环境动态性在创业拼凑和成长绩效之间的调节作用

第七节　本章小结

　　本章通过运用 SPSS 23.0 和 Mplus 8.3 对问卷数据进行了实证研究。经检验，发放的极少量题项修正的问卷并不存在共同方法偏差。数据逐一通过了描述性检验、信度检验、效度检验、直接效应检验、中介效应检验和调节效应检验。描述性统计分析显示样本数据符合研究的分析要求。信度检验显示正式问卷调查结果具有较好的可信度与稳定性。效度检验显示数据具有良好的结构效度、聚合效度和区分效度。假设检验部分对前文提出的 49 个假设进行了检验，验证结果见表 6-7-1。

表 6-7-1　假设检验结果统计

编号	假设	研究结果
H1	科技型创业企业人力资源禀赋与财务绩效正相关	支持
H2	科技型创业企业人力资源禀赋与成长绩效正相关	支持
H3	科技型创业企业社会资源禀赋与财务绩效正相关	支持
H4	科技型创业企业社会资源禀赋与成长绩效正相关	支持
H5	科技型创业企业技术资源禀赋与财务绩效正相关	支持
H6	科技型创业企业技术资源禀赋与成长绩效正相关	支持
H7	科技型创业企业人力资源禀赋对探索能力有积极影响	不支持
H8	科技型创业企业社会资源禀赋对探索能力有积极影响	支持
H9	科技型创业企业技术资源禀赋对探索能力有消极影响	不支持
H10	科技型创业企业人力资源禀赋对开发能力有积极影响	支持
H11	科技型创业企业社会资源禀赋对开发能力有消极影响	支持
H12	科技型创业企业技术资源禀赋对开发能力有积极影响	支持
H13	科技型创业企业人力资源禀赋与创业拼凑正相关	支持
H14	科技型创业企业社会资源禀赋与创业拼凑正相关	支持
H15	科技型创业企业技术资源禀赋与创业拼凑正相关	支持
H16	探索能力与财务绩效负相关	支持
H17	探索能力与成长绩效正相关	支持
H18	开发能力与财务绩效正相关	支持
H19	开发能力与成长绩效负相关	支持
H20	创业拼凑与财务绩效正相关	支持
H21	创业拼凑与成长绩效正相关	支持
H22	探索能力在科技型创业企业人力资源禀赋和财务绩效之间的正相关关系中起中介作用	不支持

编号	假设	研究结果
H23	探索能力在科技型创业企业人力资源禀赋和成长绩效之间的正相关关系中起中介作用	不支持
H24	探索能力在科技型创业企业社会资源禀赋和财务绩效之间的正相关关系中起中介作用	支持
H25	探索能力在科技型创业企业社会资源禀赋和成长绩效之间的正相关关系中起中介作用	支持
H26	开发能力在科技型创业企业人力资源禀赋和财务绩效之间的正相关关系中起中介作用	支持
H27	开发能力在科技型创业企业人力资源禀赋和成长绩效之间的正相关关系中起中介作用	支持
H28	开发能力在科技型创业企业技术资源禀赋和财务绩效之间的正相关关系中起中介作用	支持
H29	开发能力在科技型创业企业技术资源禀赋和成长绩效之间的正相关关系中起中介作用	支持
H30	创业拼凑在科技型创业企业人力资源禀赋和财务绩效之间的正相关关系中起中介作用	支持
H31	创业拼凑在科技型创业企业人力资源禀赋和成长绩效之间的正相关关系中起中介作用	支持
H32	创业拼凑在科技型创业企业社会资源禀赋和财务绩效之间的正相关关系中起中介作用	支持
H33	创业拼凑在科技型创业企业社会资源禀赋和成长绩效之间的正相关关系中起中介作用	支持
H34	创业拼凑在科技型创业企业技术资源禀赋和财务绩效之间的正相关关系中起中介作用	支持
H35	创业拼凑在科技型创业企业技术资源禀赋和成长绩效之间的正相关关系中起中介作用	支持
H36	探索能力和创业拼凑在科技型创业企业人力资源禀赋和财务绩效之间起链式中介作用	不支持
H37	探索能力和创业拼凑在科技型创业企业人力资源禀赋和成长绩效之间起链式中介作用	不支持
H38	探索能力和创业拼凑在科技型创业企业社会资源禀赋和财务绩效之间起链式中介作用	支持
H39	探索能力和创业拼凑在科技型创业企业社会资源禀赋和成长绩效之间起链式中介作用	支持
H40	开发能力和创业拼凑在科技型创业企业人力资源禀赋和财务绩效之间起链式中介作用	支持

续表

编号	假设	研究结果
H41	开发能力和创业拼凑在科技型创业企业人力资源禀赋和成长绩效之间起链式中介作用	支持
H42	开发能力和创业拼凑在科技型创业企业技术资源禀赋和财务绩效之间起链式中介作用	支持
H43	开发能力和创业拼凑在科技型创业企业技术资源禀赋和成长绩效之间起链式中介作用	支持
H44	环境动态性在探索能力和财务绩效关系间起正向调节作用	支持
H45	环境动态性在探索能力和成长绩效关系间起正向调节作用	支持
H46	环境动态性在开发能力和财务绩效关系间起负向调节作用	支持
H47	环境动态性在开发能力和成长绩效关系间起负向调节作用	支持
H48	环境动态性在创业拼凑和财务绩效关系间起正向调节作用	不支持
H49	环境动态性在创业拼凑和成长绩效关系间起正向调节作用	支持

第七章

实证研究结果讨论及对策建议

本章依据实证检验结果，对科技型创业企业资源禀赋对创业绩效影响的直接效应、中介效应和调节效应进行了进一步分析和阐释，并依据对假设的检验结果从 3 个角度（科技型创业企业的创业者、管理者和员工的角度，科技型创业企业角度，以及政府角度）出发，为提升科技型创业企业创业绩效提出对策建议。

第一节　实证研究结果讨论

一、直接影响分析

1. 科技型创业企业资源禀赋对创业绩效的影响分析

科技型创业企业既有科技型企业"技术核心"的特点，又兼有创业企业的特征。在加快建设"科技强国"的时代背景和"大众创业、万众创新"的时代号召之下，科技型创业企业被社会和政府寄予厚望，在提高科技产能、加快科技发展和引领创新方面都取得了不错的成绩。本书对科技型创业企业资源禀赋进行了构念上的界定，将其划分为人力资源禀赋、社会资源禀赋和技术资源禀赋，并依据已有研究将财务资源分别纳入人力资源禀赋、社会资源禀赋和技术资源禀赋中考量。同时将原属于人力资源禀赋的技术人员群体划分到技术资源禀赋中，尽可能凸显了技术在科技型创业企业中的核心地位。已有研究显示，人力资源禀赋、社会资源禀赋和技术资源禀赋对创业绩效有显著的正向影响。本书通过实证检验发现，科技型创业企业的人力资源禀赋、社会资源禀赋和技术资源禀赋也都与创业绩效存在正相关关系。这说明目前本书所划分的科技型创业企业资源禀赋符合企业实现短期和长期创业绩效提升的需要。

具体而言，从人力资源禀赋来看，创业者、管理者和员工的教育背景、工作经验、管理经验及创业经验都对创业绩效的提升有所帮助。管理者和创业者的相关经验能够提升制定决策环节的成功率和效率；教育背景强的管理者和员工相比也更能理智地做出各种判断，但是可能会相对保守；创业经验丰富的创业者、管理者和员工大部分能够从创业经历中汲取经验和失败的教训，为二次创业或者后续工作打下很好的基础。从社会资源禀赋来看，科技型创业企业与政府、高校、科研机构、供货商、客户和相关企业的联系能够正向影响创业绩效。目前，政府除了能够为科技型创业企业提供扶持政策外，还与很多企业达成了合作，成了兼具"客户"身份的载体。政企合作有利于现阶段我国"数字政府"的构建。高校和科研院所为科技型创业企业提供技术支持和人才支持，在一定程度上能够很好地缓解这类企业的技术缺口。同时，社会资源禀赋为科技型创业企业提供资金支持，能够帮助企业解决融资难的问题。科技型创业企业有着先天的合作交流精神，技术的合作交流有助于促进全社会的技术创新，这一点不论从技术上还是人员上都与传统劳动密集型企业有很大的不同。不可否认的是，现阶段科技型创业企业间的交流、合作和联系确实对提升创业绩效有良好的作用。从技术资源禀赋来看，本书将技术投入、技术人员数量和技术成果均纳入了技术资源禀赋。作为科技型创业企业最显著的特征，技术在企业的成长发展中的作用显而易见。研发投入越大，研发人员越多或占比越大，可能的技术产出就越多，绩效提升也就越快。另一方面，技术成果越多，能转化的成果越多，那么能为企业创造的价值就越多，绩效提升也就越快。

2. 科技型创业企业资源禀赋对双元能力的影响分析

首先，科技型创业企业社会资源禀赋对探索能力有积极影响。本书中所提及的社会资源禀赋主要指科技型创业企业的外部网络资源。企业与政府、高校、科研机构、供货商、客户和其他相关企业等外部关系的联系越密切，其通过向外的探索能力寻找新方法、开发新产品等的意愿就会越强。当遇到资源危机时，社会资源禀赋丰富的企业会首先想到突破企业内部的限制，向与其交流频繁的外部关系寻求帮助。而长期积累的社会资源禀赋确实能够提升企业向外进行探索式创新的效果。

其次，科技型创业企业人力资源禀赋对探索能力没有积极影响，技术资源禀赋对探索能力没有消极影响。科技型创业企业人力资源构成与其他类型企业存在一定差异，其中掌握着制约企业立足与否的核心技术的科研人员所占比例相对较高。相对丰富的工作经验（技术经验）使部分技术研发人员更倾向于利用企业已有的资源进行开发，而减少了对外部资源的探索。技术资源禀赋中的研发投入这一维度对企业的探索能力并不产生消极影响。相反，较高的资金投入会使企业在向外探索时更加"得心应手"，因此，也将促使企业更愿意尝试外部的新资源，从而提升企业的创业绩效。

根据实证研究检验，科技型创业企业资源禀赋对开发能力均产生影响。从人力资源禀赋来看，其对开发能力有积极影响。大多数企业在遇到企业危机时首先会选择运用开发能力从企业内部入手，积极在内部的资源、员工、技术等方面寻找解决办法，而这时，良好的教育背景会使管理者或员工更加冷静理性地面对危机，相对丰富的工作经验和管理经验能够帮助管理者或员工快速寻找到相应的方法，有创业背景的管理者或员工在处理创业企业危机时也更加得心应手。因此，人力资源禀赋对开发能力有积极影响。从社会资源禀赋来看，社会资源禀赋对开发能力有消极影响。丰富的社会资源禀赋会使管理者或员工加快向外部探索或求助的速度，因为长期良好的关系网络会使企业管理者和员工对外部资源产生依赖心理，从而减少利用内部资源来解决困境的概率。从技术资源禀赋来看，对内研发投入的丰裕和研发人员的充足能够使企业具备进行内部技术升级或利用内部资源解决技术困难的能力。这也将使企业提高运用开发能力缓解危机的概率。

3. 科技型创业企业资源禀赋对创业拼凑的影响分析

创业拼凑是对内部的手边闲置资源和外部的廉价资源的立刻再利用，是解决创业企业资源约束的有效方式之一。科技型创业企业不仅面临着其他类型创业企业所具有的资源类型约束，更可能出现技术资源危机。同时，科技型创业企业所处的创业环境瞬息万变，技术的不断升级、客户需求的不断变化都给这一类企业带来了不小的压力，但是同时也带来了更多的机遇。利用手边的闲置资源进行拼凑，既能够帮助企业破除资源诅咒，还能够盘活企业内部闲置资源，提升内部资源的利用效率；对企业外部廉价资源进行拼凑，不仅能够帮助企业相对地节省开支，还能收获意想不到

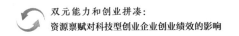

的优质资源，从而缓解危机。通过前一章的实证检验可以发现，科技型创业企业资源禀赋的各维度与创业拼凑的正相关关系均显著。

具体来看，资源危机是很多创业企业甚至部分成熟企业会面临的困境，是企业经营中比较常见的"老大难"问题。因此，具有一定管理经验、工作经验和创业经验的管理者、创业者和员工在面对资源困境时，更容易依据先前经验，从手边闲置资源和外部廉价资源两个方面来采取拼凑措施，并且他们往往可以预判拼凑的方式、步骤及可能遇到的困难和可能取得的效果。这就是人力资源禀赋对创业拼凑有积极影响的原因。从社会资源禀赋来看，如果企业拥有丰富的社会资源禀赋，那么将大幅提升企业从外部获得高性价比资源的可能性。这也解释了在前文质性研究的语料中出现的"朋友公司介绍客户""母校介绍融资"等现象。这些"朋友公司"或者高校科研机构等也更愿意帮助"有交情"的相关企业。因此，社会资源禀赋与面向外部的创业拼凑有显著的正相关关系。从技术资源禀赋来看，当企业技术人员充足时，一旦企业遇到技术低谷，那么技术人员将充分协调内部的技术资源，在内部拼凑项目任务不紧急的研发人员和暂时不需要的技术投入或暂时闲置的技术资源，以缓解危机。又由访谈可知，同一领域技术人员之间联系密切，当遇到资源危机时，技术人员可以通过这个优势向外部相关技术人员寻求帮助获得相对廉价的资源，以解决眼前问题。在这一点上，技术资源禀赋和社会资源禀赋有作用重合之处，现实中两者会相互作用，影响创业拼凑。综上所述，科技型创业企业资源禀赋的三个维度均对创业拼凑有显著的正相关影响。

4. 双元能力对创业绩效的作用分析

双元能力是将组织双元理论融入创业研究后衍生出的概念，主要分为探索能力和开发能力。在第二章的文献梳理中不难发现，很多研究倾向于寻求双元能力的平衡，认为只有达到平衡才能最大程度地正向影响创业绩效。但是，也有研究显示，一味地追求双元能力的平衡将会使企业花费过多的精力，有可能会浪费更多的资源。因此，本书将双元能力的两个维度和创业绩效的两个维度分别匹配进行假设检验，结果显示，探索能力与财务绩效的关系并不显著，但与成长绩效呈正相关关系；开发能力与财务绩效呈正相关关系，与成长绩效也呈正相关关系。

探索能力体现企业对外部资源的利用能力和对创新的追求,但其风险性和不确定性较强。因此,其对财务绩效的影响具有较强的不确定性,是否能给企业带来更多的收益并不确定。但是探索能力对成长绩效具有显著的正相关效应,原因在于探索能力直接影响了企业创新。从长远来看,创新带来的收益不一定是立竿见影的,但是却能够正向影响企业的成长。开发能力反映了企业对内部资源利用的能力及平衡处理内部问题的能力。由于相对稳妥,产生的风险较小,所以可以直观地提升短期的创业绩效即财务绩效。但也正因为其缺乏创新性,对科技型创业企业而言,过多地运用开发能力而忽略研发新产品、拓宽新渠道等密切相关的探索能力,将对企业的成长绩效产生负面影响。

5. 创业拼凑对创业绩效的作用分析

现有研究一般认为,创业拼凑只在创业初期对创业绩效的提升有显著作用,但是随着创业时间的推移,这种正向的影响逐渐减弱。由于初创期和成长期的划定还存在争议,本书对科技型创业企业的创业年限设定为成立1~8年的科技型中小企业和成立3个会计年~8年的高新技术企业。这个设定的年份包含初创期也包含了部分成长期,因为对不同的科技型创业企业来说,机遇不同、技术需求不同等原因会造成企业从初创期过渡到成长期的时限不同。

经过实证检验,在本书设定的8年期限内,科技型创业期企业创业拼凑与创业绩效呈正相关关系。这说明,在企业运营过程中,创业拼凑能够紧急缓解企业资源危机,但是缓解并不意味着立刻能够增加企业收益、提升财务绩效。对财务绩效的提升往往需要一定时间。值得注意的是,缓解了眼前的危机,企业才能够开展下一步的工作、开始下一步的发展,从这个意义上来说,创业拼凑在新创期内能够正向影响企业的成长绩效。

二、中介作用分析

1. 双元能力的中介作用分析

科技型创业企业资源禀赋与创业绩效之间正相关的关系中存在中介变量。本书将探索与开发分开讨论,分别验证了这两种能力和可能存在中介作用的资源禀赋与创业绩效之间的关系。经验证,探索能力在社会资源禀

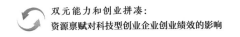

赋和创业绩效之间起显著的中介作用。开发能力在人力资源禀赋和创业绩效的正相关关系中起中介作用，在技术资源禀赋和创业绩效的正相关关系中也起中介作用。

具体来看，社会资源禀赋对创业绩效的影响需要通过一个中介变量来发挥作用。在现实的企业运营中，企业外部的社会资源禀赋如果没有企业内部的某种能力或者某种行为的帮助将很难介入企业的发展。根据实证检验和前文分析，社会资源禀赋对探索能力有积极影响，但是对开发能力有消极影响，这即可说明与社会资源禀赋相匹配的并不是平衡的双元能力，而仅仅是探索能力。因为产品创新、开发新渠道、并购等行为都对科技型创业企业的社会资源禀赋提出了比较高的要求，而对人力资源禀赋和技术资源禀赋的要求并不明确。所以，科技型创业企业社会资源禀赋能够通过探索能力正向影响创业绩效。人力资源禀赋和技术资源禀赋通过开发能力影响创业绩效。教育背景良好，且有一定工作经验、相关管理经验与创业经验的创业者、管理者和员工一般拥有利用内部资源的能力、完善现有产品的计划及尽可能降低成本的理念，因此他们更愿意通过发挥开发能力来解决企业问题或提升创业绩效。同样，拥有丰富技术资源禀赋的科技型创业企业，往往具有自主创新的能力，能够自行内部解决简单的资源困境，提升产品和服务。所以，技术资源禀赋通过开发能力能够影响创业绩效。

2. 创业拼凑的中介作用分析

创业拼凑在科技型创业企业资源禀赋各维度和创业绩效各维度之间的正相关关系中均起到中介作用。当企业遇到资源危机时，首先想到的解决方式一般为资源整合和资源拼凑。优质丰富的人力资源禀赋提高了创业拼凑开展的概率，也使企业具备开展创业拼凑的条件，从而缓解危机，影响绩效。社会资源禀赋为拼凑外部资源提供了条件，因此通过拼凑可以解决困境。技术资源禀赋为创业拼凑提供了可能的闲置技术和可以参与拼凑的技术人员。通过前文分析可知，科技型创业企业的技术人员之间往往有不错的关系，这也为技术资源的拼凑提供了更多的途径，进而影响创业绩效。综上所述，创业拼凑在人力资源禀赋和企业财务绩效、成长绩效之间的正向关系中起中介作用，在社会资源禀赋和企业财务绩效、成长绩效之间的正向关系中起中介作用，还在技术资源禀赋和企业财务绩效、成长绩效之间的正向关系中起中介作用。

3. 双元能力和创业拼凑的链式中介作用分析

首先，双元能力在一定程度上能够影响创业拼凑。两个变量之间具有一定的相似性，例如探索能力和创业拼凑均具有一定的风险性和不确定性，但对科技型创业企业 8 年内的成长都有正向影响。探索能力面向企业外部进行创新，创业拼凑也涵盖面向外部资源的拼凑行为。经过实证检验，探索能力和创业拼凑在科技型创业企业社会资源禀赋与创业绩效的两个维度之间发挥了链式中介作用。具体而言，科技型创业企业社会资源禀赋可以通过探索能力和创业绩效这个链式路径来影响创业绩效的提升。前面两种中介作用均已在前文分析，此处不再赘述。通常情况下，双元理论将探索能力既看作是企业的一种组织能力，也看作是企业的一种创新行为。当企业遇到困难和危机时，丰富的社会资源禀赋能够帮助企业缓解危机。此时，不论将探索能力视为能力还是创新行为，企业一般都会选择利用外部有效资源介入企业困境，这种引进新方法、拓宽新渠道的行为就是探索能力直接带来的结果。然而有时候这些新方法、新渠道、新资源虽然被企业强势引进，但还是需要更细致地进行处理，创业拼凑在这一环节发挥了其优势。对外部资源的拼凑可以帮助创业企业将这些引进的新资源进行有效利用，尤其可以发挥廉价资源的最大效用，从而正向影响创业绩效的提升。前文已分析了人力资源禀赋不能对创业绩效产生积极影响及探索能力不能在人力资源禀赋和创业绩效中发挥中介作用的原因，此处不再赘述。因此，探索能力和创业拼凑并不能在人力资源禀赋和创业绩效之间发挥链式中介作用。

其次，经检验，开发能力和创业拼凑在科技型创业企业人力资源禀赋和创业绩效之间发挥了链式中介作用，同时开发能力和创业拼凑也在科技型创业企业技术资源禀赋和创业绩效之间发挥了链式中介作用。具体而言，开发能力强调对企业现有资源的充分利用、对现有产品的升级、尽可能减少成本等内容，主要面对企业内部开展。根据扎根访谈的语料内容分析，绝大多数企业遇到困境的时候，首先会选择从内部进行整合或者升级来缓解矛盾。尤其对内部资源进行开发利用的时候，往往需要创业拼凑的

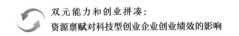
协助。创业拼凑可以最大限度地帮助企业在内部寻找到合适的闲置资源并充分利用，以缓解资源危机，从而提升创业绩效。

三、环境动态性的调节作用分析

创业环境的动态性是创业环境的主要特征之一，主要体现在顾客偏好、技术变化、竞争激烈程度及人员流动等方面。很多研究都关注了环境的动态性对创业企业的影响。科技型创业企业所处的创业环境与其他创业企业相比，技术市场的更迭速度更快，企业间的竞争也更强。根据实证检验，环境动态性在双元能力和创业绩效的关系间起正向调节作用。科技型创业企业本身就具有较强的创新性。当环境动态性高时，将激发企业发挥面向企业外部的探索能力，加快企业的创新步伐，从而有利于创业绩效的提升。但是高环境动态性会给开发能力和创业绩效带来负向调节效应。因为如果创业环境的变化过快，那么企业可能会产生力求稳定的退缩行为，此时企业也就更倾向于使用开发能力对企业内部进行升级、利用和整合。同时，环境的动态性也在创业拼凑和科技型创业企业成长绩效的关系间发挥了正向调节作用。具体而言，越高的环境动态性使企业越可能触发采取创业拼凑的行为，并对成长绩效产生影响。但是如前文所分析，科技型创业企业财务绩效的提升极大地依赖于技术水平和成果转化，拼凑的行为很可能并不能对短期的财务绩效产生较大影响，这与创业环境动态性的程度并无直接关系。因此，环境的动态性并不能正向调节创业拼凑与财务绩效的关系。

第二节　对策建议

科技型创业企业是近些年来国家在政策上大力扶持的一类创业企业，有着先天的政策倾斜优势，能够为我国构建科技社会、提升技术经济的发展做出重要贡献。不论是科技型中小企业还是高新技术企业，它们都在社会经济的发展中发挥着越来越重要的作用。本书构建了"科技型创业企业资源禀赋—双元能力—创业拼凑—创业绩效"的理论模型，并将环境的动态性对其产生的影响进行了探索。本书的结论对于如何提升科技型创业企业的创业绩效、如何运用双元能力和创业拼凑、如何缓解企业的先天弱小性都有重要的启示，下面从 3 个角度进行探讨：① 科技型创业企业的创业者、管理者和员工的角度；② 科技型创业企业角度；③ 政府角度。

第一，从科技型创业企业的创业者、管理者和员工的角度来看。这三者在科技型创业企业成立之初到企业发展成长的整个过程中发挥了重要的作用。笔者在调研中发现，很多创业企业最初的创业团队随着企业的发展逐渐瓦解，这一方面说明很多创业者承受挫折的能力有待提升，另一方面也说明创业者在进行创业之初多依赖于饱满的创业激情，对可能出现的危机没有做好预案。科技型创业企业的创业者既要在创业前做好准备，也要在伴随企业成长的过程中有意识地积极提升学历、积攒工作经验和管理经验，争取时刻保持创业的积极性，尽可能提升自己的抗挫折能力和解决问题的能力。同时，作为企业的核心成员，创业者还有责任提升企业其他员工的士气，并激励公司员工和其他管理者提升工作的热情。与非科技型创业企业相比，科技型创业企业对部分技术类员工要求更高。这就要求技术研发人员不断提升自己的技术水平，具备发现市场变化和顾客需求的警觉性，能够依据环境的变化时刻升级或者调整企业的技术。对于管理人员而言，科技型创业企业与一般企业有较大的性质上的不同，技术是企业的立命之本，管理人员应当充分尊重研发人员的工作特点。调研发现，有些企业管理者认为，只要研发人员能保质保量地完成任务，就不必拘泥于工作场所的设定。结合本公司的实际情况，管理人员如果采用灵活的工作方式有时更有助于工作效率的提升，也能为处于核心部门的研发人员提供最大的便利。创业者、管理者和企业员工在工作中都应当努力拓展自己的社会关系网络。与外部环境保持友好和谐的关系能够让企业在遇到重大危机时有化险为夷的可能，同时也有利于企业的长远发展，提升企业的成长绩效。除此之外，三者都应当尽可能有意识地提升自己判断资源有效性的识别力和勇于对资源进行拼凑的能力，以防在企业发展中必须面对资源匮乏的危机。

第二，从科技型创业企业角度出发。企业本身应当为员工提供提升自我的机会，在提升技术研发和专业能力上可以通过参加创业园区的沙龙活动、举办培训讲座等方式进行，要支持主动要求自我提升的员工。要时刻注意营造良好的企业文化氛围，凸显科技型企业"技术当头"的特点，加大对员工的关怀力度，尤其是加大对技术研发人员的支持力度，为员工提供合适的职业发展规划和激励制度。当员工遇到问题和困惑时，企业应当勇于担负责任，尽可能为员工排忧解难。同时，企业还应当充分把握政策动向，适时调整企业发展方向，争取做到多元化发展，以缓解可能出现的某一领域的巨大危机。研究发现，在创业初期，科技型企业间技术、人力等存在较为普遍的共享形式，可见企业间的交流丰富多样，可以为企业带来流动的资源，因此科技型创业企业应当积极主动地参加创业园区和政府举办的各项活动，从活动中寻找自己在发展中可能的战略性伙伴，并发现可能的外部高性价比资源。此外，科技型创业企业还要鼓励员工和管理者对企业已有的闲置资源和外部可能获取的高性价比资源进行充分地利用和探索，放开眼界，寻找多样化的解决问题的方案。研究还显示，双元能力和创业拼凑在提升绩效中发挥了链式中介的作用，这就要求企业在对内开发和对外探索两条路径中都能发挥良好。但是，闲置资源和高性价比资源不是随手可得且随处可用的。所以，企业在发展的过程中，应当鼓励成员提升发现资源的能力，可以阶段性地对企业现有的资源进行梳理，利用公司平台共享闲置资源，这样不论哪一个项目组出现资源危机时，都可以随时调用公司内部的闲置资源。

第三，从政府的角度来看。目前，政府已出台了一系列政策扶持科技型创业企业的发展。这些政策一方面为科技型创业企业的发展营造了一个良好的社会环境，另一方面也为这一部分企业提供了发展的便利。研究发现，有不少科技型创业企业创业之初迎合了政策需求，发展之中享受了政策红利。因此，要想进一步推动我国的科技创新战略与创新创业发展的结合，就要不断为科技型创业企业的成长放宽环境。首先，对科技型创业企业的登记、评价工作不能间断，减少税收、发放"创新券"等方式基本达到了政策制定的初衷。为了配合科技部门的这些工作，专利认定等前端工作需要做扎实，谨防有不符合科技型中小企业和高新技术企业要求的创业公司占用了相关企业的红利。其次，科技型创业企业的创业者、管理者和员工可以通过相关的政策须知会、技术提升会和工作经验交流会等方式提升自身的专业技能，相关部门须向创业者、管理者和员工输入企业社会责任感的重要性观念，对技术研发人员的福利待遇、职业提升等可以进行规章制度上的完善。对于很多科技型创业企业存在的员工超负荷工作的情况，有关部门也应予以惩戒，构建良好健康的科技型创业生态圈。最后，结论认为探索能力和创业拼凑可以缓解企业的资源危机，因此政府可以通过构建资源共享的平台或者定期举办资源共享会的形式，鼓励科技型创业企业将闲置的、暂无价值的资源或者高性价比资源与本区域其他相关企业进行共享。这样做的话，施助企业能够妥善处理闲置资源，受助企业能够缓解危机，可以构建企业间更好的关系。

　　本书还探究了环境动态性发挥的调节作用。研究结果显示，动态的环境总体上能够调节双元能力和创业绩效及创业拼凑和创业绩效之间的关系。说明一个良好的创业环境对创业企业的发展有非常重要的作用。高动态性的环境虽然能够正向调节探索能力和创业绩效之间的关系，也能促进创业拼凑对成长绩效的影响，但是随之而来会带来不确定性和风险性。可见环境动态性具有两面性。为了能构建良好的创业环境，一方面需要科技型创业企业提升自身的社会责任感，不蓄意破坏市场平衡和竞争；另一方面需要政府部门做出一些努力，例如充分发挥市场宏观调控作用，减少技术上少数寡头共存的情况，鼓励企业间信息共享。这就要求政府部门制定相关的监管机制，在认定科技型创业企业时严格准入门槛，杜绝"关系户"和"造假户"，从根源上减少后期管理的难度和可能造成的市场动荡；在随后进行定期评价时明确列出细则并加强监管，通过走访、召开交流会等形式向企业宣传构建公平和谐的竞争环境的重要性，同时加强对科技型创业企业技术保护的宣传和指导，并对扰乱市场秩序的企业进行严肃处理。政府也可以以行业协会牵头对科技型创业企业中努力提升自身和社会责任感强的这部分企业进行表彰，以奖励的形式促进良好创业环境的发展。

第三节　本章小结

　　本章对前一章实证研究中假设检验的结果进行了分析，分效应、分维度地结合文献梳理环节及质性研究阶段的成果，剖析了假设成立的原因，以及假设不成立的原因，并依据研究结果提出了对策建议。

　　本章从科技型创业企业资源禀赋对创业绩效的影响、科技型创业企业资源禀赋对双元能力的影响、科技型创业企业资源禀赋对创业拼凑的影响、创业拼凑对创业绩效的作用、双元能力的中介作用、创业拼凑的中介作用、双元能力和创业拼凑的链式中介作用，以及环境动态性的调节作用这9个部分对研究结果进行了阐述。依据研究结果，本章分别从科技型创业企业的创业者、管理者和员工的角度，科技型创业企业角度及政府角度为提升科技型创业企业创业绩效提出了对策建议，并为下一章结论的分析和未来研究展望进行铺垫。

第八章

结论与展望

本章在前文质性研究和实证研究的基础上，对全书研究的主要结论进行回顾，总结了研究的创新点，提出了研究的局限性，并为未来可能的研究提出展望。

第一节 研究结论

本书以科技型创业企业为研究对象，基于资源基础理论、双元理论和创业过程理论等理论基础开展探索；通过对 3 家创业时限不同的科技型创业企业进行深入的调研访谈，获取一手调研资料和语录，运用扎根理论对资料进行编码处理；获得研究进行的故事线，并以此制定实证研究的基本模型，结合目前已有的研究成果对研究涉及的相关概念进行界定和维度划分，同时提出一系列研究假设；参照各维度已有的量表，结合科技型创业企业的特点，制定相关量表，并进行了预测试，为了能更细致地发掘各维度之间的关系，提出了 49 个假设；最后，面向江苏省科技型创业企业广泛收集调查问卷，并进行了实证分析，验证了相关假设。具体而言，本书得出了以下主要研究结论：

（1）从科技型创业企业技术资源禀赋的角度来看，其与创业绩效正相关，与探索能力正相关，与创业拼凑负相关。基于资源基础理论可知，资源是企业发展的基础。科技型创业企业与其他类型企业相比，最大的区别在于其技术研发投入多、技术人员占比大、技术成果数量足。因此，对科技型创业企业的技术资源禀赋的研究突出了本书的针对性。从质性研究和实证研究均可发现，技术资源禀赋对创业绩效有正向影响。研发投入能够使企业在核心知识领域占据重要地位，也能够增强企业对技术研发人员的吸引力；技术研发人员在科技型创业企业的人力资源构成中属于特殊群体，数量较稳定，即使存在流动和共享的情况，各企业为了发展也会减少其他岗位员工数量而不会辞退技术研发人员；技术成果的丰富，尤其是专利成果的丰富有助于企业打通通往竞争市场的途径。从这 3 个角度来看，技术资源禀赋能够正向影响创业绩效的提升。但是值得注意的是，充足的技术资源禀赋可能使企业进入"技术锁定"的状态从而降低绩效，也就是说，当遇到困境和危机时，企业将优先选择更新自身技术来做出反应。然而从实证结果来看，这种优先向内部利用现有资源的情况并不会影响向外部探索的可能性。虽然技术需要受到严格的产权保护，但是科技的飞速发展拉近了人与人之间的关系，也在某种程度上加强了同一产业内的不同企业之间的联系。在质性研究阶段，就有受访者提出行业内程序员之间很多是相识的前同事甚至是朋友。遇到技术困难的时候，向外部探索新的资源、新的方法和新的技术来缓解现状并不鲜见。这一观点在实证研究阶段也得到了证实。此外，虽然在理论层面上，丰富的技术资源禀赋将为创业拼凑的成功提供可能需要的冗余资源，也可能帮助企业产生技术上的"虹吸效应"，促进企业间技术上的合作共赢，但是实证研究结果显示，技术资源禀赋和创业拼凑成负相关。一方面，在本书中技术研发投入被纳入技术资源禀赋中，倘若有足够的研发投入，那么企业将减少对廉价资源的拼凑；另一方面，技术人员的充足和技术成果的丰富也会使企业减少对拼凑的需求，加快企业内部技术研发人员对技术自我更新的速度。换言之，如果科技型创业企业技术资源禀赋不足，缺少投入资金、研发人员和专利成果，那么将催使企业加快寻找手边闲置的资源或者可得的高性价比资源来缓解困境的速度。

（2）双元能力和创业拼凑在资源禀赋和创业绩效的关系中起链式中介作用。已有研究显示，很多时候追求双元能力的平衡将耗费企业过多的精力并带来风险。笔者通过实证发现，探索能力和创业拼凑在社会资源禀赋与创业绩效之间起链式中介作用，而开发能力和创业拼凑在人力资源禀赋和财务绩效之间起链式中介作用。探索能力是向外部发现并产生新方法、新产品、新技术等的创新能力，其在科技型创业企业的日常运营中并不少见，能够很好地体现科技型创业企业创新的本质。企业的社会资源禀赋体现了企业的外部资源情况，为探索式创新提供了更多的可能性。具体而言，企业与政府、高校、科研机构及相关企业等的良好关系，有助于企业通过探索能力向外部进行新产品的开发、新技术的合作和新资源的收集，并且这种探索能力为企业向外部寻求高性价比的资源或者廉价资源提供了可能。所以，探索能力和创业拼凑在社会资源禀赋和创业绩效中存在链式中介的作用。其次，根据高阶理论，企业的决策受到管理者的认知基础和价值观的影响。根据质性研究的访谈可以发现，开发能力在企业运营中出现的概率远高于探索能力，尤其在平稳的成长阶段，企业更愿意使用相对安全的方式解决问题。当企业出现资源困境时，面向企业外部的具有高风险的探索能力并不能发挥作用，此时需要开发能力来利用企业现有的资源，并对这一部分资源进行合理高效的拼凑，以提升企业绩效。

（3）环境动态性在各要素间不一致的调节作用。创业环境为创业企业发展提供空间。创业环境的高动态性是科技型创业企业经常面临的状况，也是现今社会科技快速发展必然出现的情况。一方面，环境的动态性会造成市场动荡和竞争的加剧；另一方面，环境的动态性也能促使创业企业加快创新的步伐，有利于企业创新绩效的提升。对于具有高风险性的探索能力，创业环境的动态变化正是探索能力发挥作用的好时机。当企业遇到快速变化的顾客需求、竞争压力和人员流动时，开发能力很可能已经不足以解决危机，只有向外部探索新方法、新产品、新技术等才能缓解这种紧张的状态。与探索能力相比，开发能力的运用需要相对平稳的环境，环境的高动态性会对开发能力产生一定的负向影响。在过于动荡的环境中，企业需要加快创新的步伐，快速在技术和产品上推陈出新，以保住市场占有率。只利用内部资源不利于快速解决危机，因此环境的动态性在开发能力和创业绩效的关系间发挥了负向调节作用。不少研究认为，创业拼凑在企业绩效提升中的作用主要集中在创业初期，其在成长期发挥的作用逐渐减弱。本书并未细分初创期和成长期，因为研究发现，即使有些科技型创业企业成立时间不长，仍具有可测量的成长绩效。通过分析调研数据我们发现，环境动态性在科技型创业企业创业拼凑和创业成长绩效之间发挥了正向调节的作用。具体来看，当企业选择以创业拼凑的形式来缓解资源匮乏的情况时，高动态性的环境将促使拼凑行为的快速发生。但是由于创业拼凑先天的不确定性和拼凑对象闲置廉价的特点，企业虽然不会在拼凑的过程中花费过多资金，但是要想凭借创业拼凑在高动态性的环境中达到很好的短期财务指标是件相对困难的事，即在低环境动态性的调节下更能促使创业拼凑对短期财务绩效产生良性影响。然而，有效的创业拼凑在高环境

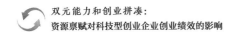

动态性下即使不能"立竿见影"地解决财务危机，也能相对提升部分成长绩效。需要注意的是，这里的成长绩效是指贯穿整个研究涉及的创业期的成长绩效，而不是指创业成长期的绩效。

📖 第二节　研究创新点

　　根据资源基础理论，创业资源在创业活动中发挥着决定性作用。本书对创业资源禀赋和创业绩效的关系进行了进一步挖掘，并对双元能力和创业拼凑发挥的链式中介作用进行了探索。结合科技型创业企业的实际情况，本书为提高创业资源利用率和提升创业绩效提供了新思路。本书的主要创新点体现在以下几个方面：

　　（1）根据科技型创业企业的特点，对创业资源禀赋和创业绩效的维度进行了再划分。现有研究关于创业资源禀赋的维度划分并未形成统一。本书将科技型创业企业的创业资源禀赋划分为人力资源禀赋、社会资源禀赋和技术资源禀赋三个维度。从资金来源来看，本书认为不论是政府补助还是风险投资，都取决于科技型创业企业的社会资源禀赋。因此本书将传统的财务资源归纳至社会资源禀赋之中。同时，本书将决定科技型创业企业生存成长的技术资源单独作为一个维度，并将技术研发投入纳入技术资源禀赋的考量范围，重点考察技术在科技型创业企业成长发展中发挥的重要作用，充分体现了科技型创业企业以技术为核心的特点。

　　（2）分维度探索了双元能力和创业拼凑在创业资源禀赋与创业绩效之间发挥的链式中介作用。将每个变量的各维度分别进行讨论，能够更准确地把握其中的内在关系。研究结果显示，并不是所有维度之间的指向都是正向影响或显著影响。同时，探索能力、开发能力和创业拼凑也并不能都在创业资源禀赋各维度和创业绩效之间发挥中介作用。分维度的研究将有助于精确找到提升科技型创业企业绩效的途径。

　　（3）为科技型创业企业绩效的提升提供切实的对策建议。以往针对资源和绩效的研究一般不区分地域或企业类型。本书选取的调研对象集中为江苏省内的科技型创业企业，因此可以影响企业发展的外部创业背景环境基本一致，研究结果更具有地区针对性和企业类型的针对性。实证检验结果中出现了不成立的假设，这说明根据已有研究做出的假设并不能完全适用于本书的调研对象，这也为未来相关研究提供了新的思路。

📖 第三节　研究局限及展望

一、研究局限

本书针对科技型创业企业的资源禀赋、双元能力、创业拼凑和创业绩效的关系进行了探讨，并将环境动态性作为调节变量加以考虑。虽然综合运用了资源基础理论、双元理论和创业过程理论的知识，并基于现有研究成果进行了质性研究和实证研究，对目前针对科技型创业企业的研究有一定贡献，但由于各种条件和能力的限制，本书存在一定的局限性，主要表现如下：

第一，在质性研究部分，本书虽基于扎根理论进行了半结构化的访谈，但选择访谈的对象仅集中在3家企业，企业数量略显不足，在普适性方面可能存在一些争议。这主要是因为访谈需占据受访者较多的时间，在寻找愿意配合的企业上存在障碍。因此，研究小组主要针对所在市的创业园区尽可能进行了走访。在未来的研究中，可以扩大质性研究访谈对象的数量，以便具有更好的说服力，获得更翔实的数据，并完善后续维度的划分、模型的构建等环节。此外，在这一部分，受访的3家企业均为科技型中小企业。在这一阶段缺少对高新技术企业的访谈，在未来的研究中可以选择部分高新技术企业进行补充式访谈，以比较高新技术企业和科技型中小企业在处理资源困境和企业危机时采取的不同策略及其带来的不同结果。

第二，在制定量表的环节，本书主要使用现有部分研究成果中关于不同维度的测量方法。虽然尽可能将质性研究中发现的具有科技型创业企业特点的内容进行了融入，但由于质性研究存在上文所说的局限，本书在制定量表的过程中可能更偏向于科技型中小企业的实际情况。在后续的研究中，如果能将高新技术企业的相关特点进一步融入现有量表，将有助于实证研究的进一步开展，也会使本书更科学、更合理。

第三，在收集调查问卷的阶段，本书主要通过江苏省创业中心进行问卷发放。填写问卷的受访者来自江苏省内，基本做到了创业大环境一致，且保证了科技型创业企业的属性，但由于每个企业与创业中心对接的人员相对唯一，所以基本每个受访企业仅有 1 位人员参与了调研。这就使调研数据可能存在不客观或敷衍任务等情况。未来研究需要尽量避免每个企业仅有 1 人参与调研的情况，以提升数据收集的客观性。

二、研究展望

本书探索了科技型创业企业资源禀赋、双元能力、创业拼凑和创业绩效的关系，基于研究的局限性和本书的结论，未来研究可能有如下发展方向：

第一，"因企制宜"是未来相关研究的目标和可能的发展方向，因为针对各类型的研究将更具体、更实际地解决企业管理中的问题。本书针对科技型创业企业展开探索，在进行维度划分时融入了科技型创业企业的特点，并将技术资源禀赋列为资源禀赋之一。但是科技型创业企业除了以技术为核心的特点外，还具备管理扁平化、企业聚集性、超速成长性等特点。未来研究可以将这些特点融入维度的构建和量表的设置中，将会更贴合科技型创业企业的现实情况。目前，针对创业资源和创业绩效的研究大多面向新创企业开展，对某一特殊类型的企业的创业研究正逐渐发展。

第二，在未来的研究中，可以考虑对员工的双元能力和资源拼凑能力进行探索，以区分员工、管理层和创业者之间不同的双元能力表现形式，以及运用拼凑的不同场合，进而对提升创业企业的绩效提出更细致的建议和对策。本书从企业的角度出发，对双元能力和创业拼凑发挥的作用进行了探析。现有很多研究是针对企业 CEO 等管理者进行的，忽视了企业员工在其中发挥的作用。虽然本书是从企业的角度出发，但并没有将员工角度单列进行研究。实际上，在质性研究部分，有多份访谈语料提及项目组在进行项目跟进时，遇到问题可以自行解决时，员工会首先选择自己发挥开发能力对内进行资源的搜寻、整合并拼凑相关资源。所以在企业的现实运营中，员工可能是第一个开始通过双元能力进行创业拼凑的群体。而这一群体在资源拼凑的过程中受到的阻碍会多于企业领导进行战略决策时遇到的困难，其拼凑的概率、可承担风险性、拼凑对象等都与管理者不同。

　　第三，可以尝试将复杂的现实情况更多地加入调节效应的探索中，也可以将竞争的公平性作为调节变量代入研究，以此发掘科技型创业企业最迫在眉睫需要解决的创业环境问题，并提出改进的策略，以供市场竞争平衡机制构建研究的发展。本书将环境动态性纳入了调节变量，试图解释创业环境在"资源禀赋—双元能力—创业拼凑—绩效"模型之间发挥的调节作用。这里有关环境动态性的题项设置依据了前人的研究经验，但从某一角度来看，忽略了现阶段科技型创业企业面临的创业环境的极度复杂性。诺贝尔经济学奖得主 Tirole（2017）认为技术的进步带给科技企业的不仅是机遇，也可能是更大的危机。他分析了美国科技企业巨头垄断的现象，认为我们应该为改变市场竞争做出更多努力。虽然在我国现实国情下，要想做到独家垄断是很困难的，但不同行业中以多家大公司主导的寡头格局并不鲜见。这严重阻碍了科技型创业企业进入竞争市场的步伐，尤其是创业初期的企业几乎没有能够与大型企业并肩的资本。相对公平的良性竞争环境是科技型创业企业快速发展成长的沃土。

参考文献

[1] Brixy U. The significance of entry and exit for regional productivity growth[J]. Regional Studies, 2014, 48(6): 1051-1070.

[2] Mickiewicz T, Nyakudya F W, Theodorakopoulos N, et al. Resource endowment and opportunity cost effects along the stages of entrepreneurship[J]. Small Business Economics, 2017, 48(4): 953-976.

[3] 吕东, 云乐鑫, 范雅楠. 科技型创业企业商业模式创新与适应性成长研究[J]. 科学学与科学技术管理, 2015, 36(11): 132-144.

[4] 唐雯, 陈爱祖, 饶倩. 以科技金融创新破解科技型中小企业融资困境[J]. 科技管理研究, 2011, 31(7): 1-5.

[5] 张玉臣, 吕宪鹏. 高新技术企业创新绩效影响因素研究[J]. 科研管理, 2013, 34(12): 58-65.

[6] 吴建祖, 华欣意. 企业双元创新驱动机制:基于高新技术企业的定性比较分析[J]. 科技管理研究, 2021, 41(8): 1-10.

[7] 田鹤楠. 资源禀赋、企业家精神与高新技术企业的实物期权[J]. 经济问题, 2018(2): 76-79.

[8] 雷根强, 郭玥. 高新技术企业被认定后企业创新能力提升了吗?:来自中国上市公司的经验证据[J]. 财政研究, 2018(9): 32-47.

[9] Colombo M G, Grilli L, et al. Start-up size: The role of external financing[J]. Economics Letters, 2005, 88(2): 243-250.

[10] 刘人怀, 王娅男. 创业拼凑对创业学习的影响研究:基于创业导向的调节作用[J]. 科学学与科学技术管理, 2017, 38(10): 135-146.

[11] 蔡莉, 尹苗苗. 新创企业学习能力、资源整合方式对企业绩效的影响研究[J]. 管理世界, 2009(10): 1-10,16.

[12] 祝振铎, 李非. 创业拼凑、关系信任与新企业绩效实证研究[J].

科研管理，2017，38(7)：108-116.

[13] 张延平，冉佳森. 创业企业如何通过双元能力实现颠覆性创新：基于有米科技的案例研究[J]. 中国软科学，2019(1)：117-135.

[14] Furr N R，Eisenhardt K M. Strategy and uncertainty：Resource-based view，strategy-creation view，and the hybrid between them[J]. Journal of Management，2021，47(7)：1915-1935.

[15] Barney J B. Gaining and Sustaining Competitive Advantage[M]. Upper Saddle River，1996，222(3)：361-369.

[16] 韩炜，杨俊，陈逢文，等. 创业企业如何构建联结组合提升绩效？：基于"结构—资源"互动过程的案例研究[J]. 管理世界，2017(10)：130-149,188.

[17] 赵兴庐，张建琦. 以创业拼凑为过程的新创企业的新颖性形成机制研究[J]. 科技管理研究，2016，36(20)：183-189.

[18] Garud N，Prabhu G N. Linking R&D inventors' social skills and bricolage to R&D performance in resource constrained environments in emerging markets[J]. IEEE Transactions on Engineering Management，2021，68(3)：713-724.

[19] 于晓宇，李雅洁，陶向明. 创业拼凑研究综述与未来展望[J]. 管理学报，2017，14(2)：306-316.

[20] 臧树伟，潘璇，胡左浩，等. 双元能力如何促进企业全渠道转型[J]. 南开管理评论，2021，24(4)：62-73.

[21] 张庆强，孙新波，钱雨. 双元能力视角下微创新实现过程及机制的单案例研究[J]. 管理学报，2021，18(1)：32-41.

[22] 张向阳. 构建基于产业链集群的开放式创新平台，促进科技型中小企业创新发展[J]. 中国科技论坛，2021(6)：11-14.

[23] 易朝辉. 资源整合能力、创业导向与创业绩效的关系研究[J]. 科学学研究，2010,28(5)：757-762.

[24] 余绍忠. 创业绩效研究述评[J]. 外国经济与管理，2013，35(2)：34-42,62.

[25] 郭霜飞. 制度环境、创业资源对国际创业绩效的影响研究：基于

资源整合的中介作用[D].长春：吉林大学，2014.

[26] 赵文红，王文琼.基于创业学习的资源构建对创业绩效的影响研究[J].科技进步与对策，2015，32(15)：86-90.

[27] 刘树森.创业环境对新创科技型企业成长影响研究：基于资源整合的中介作用[D].长春：吉林大学，2014.

[28] 朱晓红，陈寒松，张玉利.异质性资源、创业机会与创业绩效关系研究[J].管理学报，2014，11(9)：1358-1365.

[29] 易朝辉，周思思，任胜钢.资源整合能力与科技型小微企业创业绩效研究[J].科学学研究，2018，36(1)：123-130，139.

[30] 曾楚宏，李敏瑜.创业团队异质性对创业绩效的影响：团队治理的中介作用[J].科技进步与对策，2022(14)：132-142.

[31] 张鹏，邓然，张立琨.企业家社会资本与创业绩效关系研究[J].科研管理，2015，36(8)：120-128.

[32] 魏娟，赵佳佳，刘天军.创业失败、创业拼凑与农民再创业绩效[J].软科学，2020，34(11)：59-64.

[33] 芮正云，史清华.基于过程视角的中国农民创业研究：整合框架与未来研究方向[J].学海，2020(2)：163-169.

[34] 李峰，龙海军.贫困地区新创企业创业拼凑是如何生成的：价值链约束、创业制度环境对贫困地区新创企业创业拼凑的影响[J].科学学与科学技术管理，2019，40(3)：70-82.

[35] 余绍忠.创业资源、创业战略与创业绩效关系研究：基于不同环境及组织机构的调节机制[D].杭州：浙江大学，2012.

[36] Heckscher E. The Effect of Foreign Trade on the Distribution of Income[J]. Ekonomisk Tidskrift, 1919, 21(2): 1-32.

[37] Ohlin B. Interregional and International Trade[M]. Cambridge: Harvard University Press, 1933.

[38] 战炤磊.资源禀赋型产业全要素生产率变化：优势还是诅咒？[J].产业经济研究，2014(6)：9-20.

[39] 田莉.新企业初始条件与生存及成长关系研究前沿探析[J].外国经济与管理，2010，32(8)：27-34，41.

168

［40］李贲. 企业资源禀赋、制度环境对新企业成长的影响研究［D］. 南京：东南大学，2018.

［41］彭华涛，谢科范. 创业企业家资源禀赋的理论探讨［J］. 软科学，2005(5)：12-13,26.

［42］Timmons J A, Smollen L E, Dingee A, et al. New venture creation: a guide to entrepreneurship［M］. Homewood: R D Irwin, 1985.

［43］Wickham P A. Strategic Entrepreneurship［M］. 4th ed. New Jersey: Blackwell, 2006.

［44］Firkin P, North P. Entrepreneurial capital: a resource-based conceptualisation of the entrepreneurial process［M］. Labour Market Dynamics Research Programme, Massey University, 2001.

［45］赵春霞，创业团队资源禀赋与企业吸引风险投资的关系研究：基于创业板的实证研究［D］，北京：对外经济贸易大学，2017.

［46］王斌，宋春霞，创业企业资源禀赋、资源需求与产业投资者引入：基于创业板上市公司的经验证据［J］. 会计研究，2015(12)：59-66,97.

［47］苏晓华，柯颖，叶文平. 移民创业的研究述评：战略选择、影响因素与结果［J］. 研究与发展管理，2021，33(2)：182-198.

［48］陈敏灵，毛蕊欣. 创业警觉性、资源拼凑与创业企业绩效的关系［J］. 华东经济管理，2021，35(7)：46-55.

［49］杨俊，张玉利. 基于企业家资源禀赋的创业行为过程分析［J］. 外国经济与管理，2004，26(2)：2-6.

［50］蔡莉，柳青. 新创企业资源整合过程模型［J］. 科学学与科学技术管理，2007(2)：95-102.

［51］易艳阳. 资源禀赋、可行能力与残障青年创业支持：基于Z市典型案例的分析［J］. 社会科学辑刊，2020(2)：87-94.

［52］Cai L, Peng X Q, Wang L. The characteristics and influencing factors of entrepreneurial behaviour: The case of new state-owned firms in the new energy automobile industry in an emerging economy［J］. Technological Forecasting and Social Change, 2018, 135: 112-120.

［53］Bignotti A, Le Roux I. Discovering the entrepreneurial endowment of the youth[J]. African Journal of Economic and Management Studies, 2018, 9 (1): 14-33.

[54] Zoogah D B. Natural resource endowment and firm performance: The moderating role of institutional endowment[J]. Global Strategy Journal, 2018, 8 (4): 578-611.

[55] 杨升曦, 魏江. 企业创新生态系统参与者创新研究[J]. 科学学研究, 2021,39(2): 330-346.

[56] 牛萍, 唐梦雪, 瞿群臻. 高层次科技创业人才及其创业企业的成长特征、瓶颈及对策[J]. 中国科技论坛, 2021(2): 109-120.

[57] Wilson H I M, Appiah-kubi K. Resource Leveraging Via Networks by High-Technology Entrepreneurial Firms[J]. The Journal of High Technology Management Research, 2002, 13(1): 45-62.

[58] Desa G, Basu S. Optimization or Bricolage? Overcoming Resource Constraints in Global Social Entrepreneurship[J]. Strategic Entrepreneurship Journal, 2013, 7(1): 26-49.

[59] Newbert S L. Value, rareness, competitive advantage, and performance: A conceptual-level empirical investigation of the resource-based view of the firm[J]. Strategic Management Journal, 2008, 29(7): 745-768.

[60] Dollinger, M J. Entrepreneurship: strategies and resources[M]. 3rd ed. New York: Prentice Hall, 2003.

[61] 林嵩, 姜彦福. 创业研究进展综述与分析[J]. 管理现代化, 2005 (6): 22-24.

[62] Moray N, Clarysse B. Institutional change and resource endowments to science-based entrepreneurial firms[J]. Research Policy, 2005, 34(7): 1010-1027.

[63] 蔡莉, 尹苗苗. 新创企业资源构建与动态能力相互影响研究[J]. 吉林大学社会科学学报, 2008,48(6): 139-144.

[64] Timmons J A. New venture creation: entrepreneurship for the 21st century[M]. 5th ed. New York: McGraw-Hill, 1999.

[65] Bradley S W. Entrepreneurial Resourcefulness[J]. Wiley Encyclo-

pedia of Management, 2015:1-3.

[66] Porras-Paez A, Schmutzler J. Orchestrating an entrepreneurial ecosystem in an Emerging Country: the lead actor's role from a social capital perspective[J]. Local Economy, 2019, 34(8): 767-786.

[67] Bradley S W, Shepherd D A, Wiklund J. The importance of slack for new organizations facing 'tough' environments[J]. Journal of Management Studies, 2011, 48(5): 1071-1097.

[68] Afuah A. Mapping technological capabilities into product markets and competitive advantage: the case of cholesterol drugs[J]. Strategic Management Journal, 2002, 23(2): 171-179.

[69] 罗顺均, 安雯雯, 叶文平. 什么样的异地创业更具投资吸引力: 基于模糊集定性比较分析(fsQCA)的研究方法[J]. 南开管理评论, 2020, 23(4): 166-177.

[70] Zahra S A, Wright M. Understanding the social role of entrepreneurship[J]. Journal of Management Studies, 2016, 53(4): 610-629.

[71] Spanjer A, Van Witteloostuijn A. The entrepreneur's experiential diversity and entrepreneurial performance[J]. Small Business Economics, 2017, 49(1): 141-161.

[72] Khurana I, Farhat J. The timing of diversification and startup firms' survival: a resource-based perspective[J]. Industry and Innovation, 2021, 28 (10): 1249-1269.

[73] 买忆媛, 梅琳, 周嵩安. 规制成本和资源禀赋对地区居民创业意愿的影响[J]. 管理科学, 2009, 22(4): 64-73.

[74] Gruber M, MacMillan I C, Thompson J D. From minds to markets: How human capital endowments shape market opportunity identification of technology start-ups[J]. Journal of Management, 2012, 38(5): 1421-1449.

[75] 文亮, 何继善. 创业资源、商业模式与创业绩效关系的实证研究[J]. 东南学术, 2012(5): 116-128.

[76] 钱思, 骆南峰, 刘伊琳, 等. 创业者如何提升企业创业绩效:靠人力资本还是社会资本? [J]. 中国人力资源开发, 2018, 35(7): 157-167.

[77] 沈鲸. 中国国际化企业双元组织能力培育及其对绩效的影响研究[D]. 长沙：中南大学，2012.

[78] 罗亮梅. 强将弱兵状态下提升组织能力的现实路径：双元能力理论视角[J]. 领导科学，2019(14)：93-95.

[79] Guerrero M. Ambidexterity and entrepreneurship studies: a literature review and research agenda[J]. Foundations and Trends ® in Entrepreneurship, 2021, 17(5-6): 436-650.

[80] Penrose E. The theory of the growth of the firm[M]. 4th ed. Oxford: Oxford University Press, 2009.

[81] March J G. Exploration and Exploitation in Organizational Learning[J]. Organization Science, 1991, 2(1): 71-87.

[82] 王耀德，李俊华，周书俊. 双元性组织：理论演化与研究展望[J]. 学术界，2011(12)：135-144,286.

[83] 田瑞岩. 高管团队行为整合与企业绩效的关系研究：双元能力的中介效应[D]. 沈阳：辽宁大学，2014.

[84] Cohen D K, Ball D L. Educational innovation and the problem of scale[J]. Scale Up in education: Ideas in principle, 2007, 1: 19-36.

[85] 杨明春. 百度创新生态系统演化及其创新效率比较研究[D]. 北京：商务部国际贸易经济合作研究院，2021.

[86] Fernández-Pérez de la Lastra S. García-Carbonell N, Martín-Alcázar F, et al. Building ambidextrous organizations through intellectual capital: A proposal for a multilevel model[J]. Intangible Capital, 2017, 13(3): 668-693.

[87] Gibson C B, Birkinshaw J. The antecedents, consequences, and mediating role of organizational ambidexterity[J]. Academy of Management Journal, 2004, 47(2): 209-226.

[88] 高媛，李阳，谢佩洪. 组织双元研究述评与展望[J]. 现代管理科学，2010(12)：44-46.

[89] Bartlett C A, Ghoshal S. Beyond Strategy to Purpose[J] Harvard Business Review,1994, 72 (6), 79-88.

［90］Tushman M L, Smith W K , Binns A. The ambidextrous CEO［J］. Harvard Bussiness Review, 2011, 89(6)：74-80,136.

［91］邓少军, 芮明杰. 高层管理者认知与企业双元能力构建：基于浙江金信公司战略转型的案例研究［J］. 中国工业经济, 2013(11)：135-147.

［92］Swift T. The perilous leap between exploration and exploitation［J］. Strategic Management Journal, 2016, 37(8)：1688-1698.

［93］O'Reilly Ⅲ C A, Tushman M L. Ambidexterity as a dynamic capability：Resolving the innovator's dilemma［J］. Research in Organizational Behavior, 2008, 28：185-206.

［94］Eisenhardt K M, Martin J A. Dynamic capabilities：what are they？［J］, Strategic Management Journal, 2020, 21(10)：1105-1121.

［95］Barney J B. Gaining and sustaining competitive advantage［M］. 2nd ed. New York：Pearson Education, 2002.

［96］王淑敏. 企业能力如何"动""静"组合提升企业绩效？：能力理论视角下的追踪研究［J］. 管理评论, 2018, 30(9)：121-131.

［97］甘运驰. 跨界搜索对商贸流通企业创新绩效的影响分析：基于双元能力的中介效应［J］. 商业经济研究, 2021(24)：130-133.

［98］张健东, 张妍, 国伟, 等. 高管格局对企业创新绩效的影响机制：探索性案例研究［J］. 管理案例研究与评论, 2021, 14(6)：588-604.

［99］刘翔宇,程鑫玥,张迎新. 双元能力研究述评与未来展望［J］. 商业经济研究, 2019(22)：130-133.

［100］He Z L, Wong P K. Exploration vs. exploitation：an empirical test of the ambidexterity hypothesis［J］. Organization Science,2004,15(4)：481-494.

［101］Zahra S A. The resource-based view, resourcefulness, and resource management in startup firms：a proposed research agenda［J］. Journal of Management, 2021, 47(7)：1841-1860.

［102］Monferrer D, Moliner M Á, Irún B, et al. Network market and entrepreneurial orientations as facilitators of international performance in born globals. The mediating role of ambidextrous dynamic capabilities［J］. Journal of Business Research, 2021, 137：430-443.

［103］杜跃平, 王欢欢. 创业导向下双元机会能力对新企业绩效的影响：以陕西地区民营新创企业为例［J］. 科技进步与对策, 2018, 35(8)：76-83.

［104］刘翔宇, 李懿, 韦福祥. 平台型 HRM、人力资源双元柔性能力与组织创新绩效：倒 U 型关系的独立与互动中介作用［J］. 科技进步与对策, 2018, 35(19)：131-139.

［105］张玉利, 李乾文. 公司创业导向、双元能力与组织绩效［J］. 管理科学学报, 2009, 12(1)：137-152.

［106］Kortmann S, Gelhard C, Zimmermann C, et al. Linking strategic flexibility and operational efficiency：The mediating role of ambidextrous operational capabilities［J］. Journal of Operations Management, 2014, 32 (71)：475-490.

［107］Huang J W, Li Y H. Green innovation and performance：The view of organizational capability and social reciprocity［J］. Journal of Business Ethics, 2017, 145(2)：309-324.

［108］吕途, 林欢, 陈昊. 创业团队认知能力对创业绩效的影响：以双元创业即兴为中介［J］. 科技进步与对策, 2021, 38(5)：29-37.

［109］Bhide A. Bootstrap finance：the art of start-ups［J］. Harvard Business Review, 1992, 70(6)：109-117.

［110］Baker T, Nelson R E. Creating something from nothing：Resource construction through entrepreneurial bricolage［J］. Administrative Science Quarterly, 2005, 50(3)：329-366.

［111］Senyard J, Davidsson P, Steffens P. The role of bricolage and resource constraints in high potential sustainability ventures［C］. Lausanne：Babson College Entrepreneurship Research Conference, 2010.

［112］李非, 祝振铎. 基于动态能力中介作用的创业拼凑及其功效实证［J］. 管理学报, 2014, 11(4)：562-568.

［113］Duymedjian R, Rüling C C. Towards a foundation of bricolage in organization and management theory［J］. Organization Studies, 2010, 31(2)：133-151.

［114］肖远飞, 张诚. 联盟网络与持续竞争优势：基于关系资源的视角

［J］. 科技进步与对策, 2011, 28(12): 1-5.

［115］D. Domenico, Haugh H, Tracey P. Social bricolage: theorizing social value creation in social enterprises［J］. Entrepreneurship Theory and Practice, 2010, 34(4): 681-703.

［116］Mair J, Marti I. Entrepreneurship in and around institutional voids: A case study from Bangladesh［J］. Journal of Business Venturing, 2009, 24(5): 419-435.

［117］Bird B, Schjoedt L, Baum J R. Editor's introduction. entrepreneurs' behavior: elucidation and measurement［J］. Entrepreneurship Theory and Practice, 2012, 36(5): 889-913.

［118］杨俊, 张玉利, 刘依冉. 创业认知研究综述与开展中国情境化研究的建议［J］. 管理世界, 2015(9): 158-169.

［119］Engel Y, Kaandorp M, Elfring T. Toward a dynamic process model of entrepreneurial networking under uncertainty［J］. Journal of Business Venturing, 2017, 32(1): 35-51.

［120］Helfat C E, Peteraf M A. Managerial cognitive capabilities and the microfoundations of dynamic capabilities［J］. Strategic Management Journal, 2015, 36(6): 831-850.

［121］Wang Y Z, Rajagopalan N. Alliance capabilities: Review and Research Agenda［J］. Journal of Management, 2015, 41(1): 236-260.

［122］Aarikka-Stenroos L, Ritala P. Network management in the era of e-cosystems: Systematic review and management framework［J］. Industrial Marketing Management, 2017, 67: 23-36.

［123］Deken F, Berends H, Gemser G, et al. Strategizing and the initiation of interorganizational collaboration through prospective resourcing［J］. Academy of Management Journal, 2018, 61(5): 1920-1950.

［124］王兆群, 胡海青, 张丹, 等. 环境动态性下创业拼凑与新创企业合法性研究［J］. 华东经济管理, 2017, 31(10): 36-42.

［125］Guo H, Su Z F, Ahlstrom D. Business model innovation: The effects of exploratory orientation, opportunity recognition, and entrepreneurial bricolage in an emerging economy[J]. Asia Pacific Journal of Management, 2016, 33(2): 533-549.

[126] 赵兴庐,刘衡,张建琦. 冗余如何转化为公司创业?:资源拼凑和机会识别的双元式中介路径研究[J]. 外国经济与管理, 2017, 39(6): 54-67.

[127] 吴亮, 刘衡. 资源拼凑与企业创新绩效研究:一个被调节的中介效应[J]. 中山大学学报(社会科学版), 2017, 57(4): 193-208.

[128] 祝振铎,李非. 创业拼凑对新企业绩效的动态影响:基于中国转型经济的证据[J]. 科学学与科学技术管理, 2014, 35(10): 124-132.

[129] 祝振铎, 李新春. 新创企业成长战略:资源拼凑的研究综述与展望[J]. 外国经济与管理, 2016, 38(11): 71-82.

[130] 张敬伟. 基于资源视角的新创企业价值创造路径研究:理论分类与案例验证[J]. 科技进步与对策, 2013, 30(11): 73-77.

[131] 梁强, 罗英光, 谢舜龙. 基于资源拼凑理论的创业资源价值实现研究与未来展望[J]. 外国经济与管理, 2013, 35(5): 14-22.

[132] 邓巍, 梁巧转, 范培华. 创业拼凑研究脉络梳理与未来展望[J]. 研究与发展管理, 2018, 30(3): 145-156.

[133] Kickul J, Gundry L. Prospecting for strategic advantage: the proactive entrepreneurial personality and small firm innovation[J]. Journal of Small Business Management, 2002(2): 85-97.

[134] Salunke S, Weerawardena J, McColl-Kennedy J R. Competing through service innovation: The role of bricolage and entrepreneurship in project-oriented firms[J]. Journal of Business Research, 2013, 66(8): 1085-1097.

[135] Senyard J, Baker T, Steffens P, et al. Bricolage as a path to innovativeness for resource-constrained new firms[J]. Journal of Product Innovation Management, 2014, 31(2): 211-230.

[136] Steffens P, Senyard J. Linking resource acquisition and development processes to resource-based advantage: bricolage and the resource-based view (summary)[C]. 2009 Frontiers of Entrepreneurship Research, 2009: 1-14.

[137] Alexy O, Piva E, Rossi-Lamastra C. Citius, altius, fortius? Community-enabled bricolage and the growth of entrepreneurial ventures[C]. SMS 32nd

Annual International Conference, 2012：1-10.

[138] Yang M. International entrepreneurial marketing strategies of MNCs：bricolage as practiced by marketing managers[J]. International Business Review, 2018, 27(5)：1045-1056.

[139] Digan S P, Sahi G K, Mantok S, et al. Women's perceived empowerment in entrepreneurial efforts：the role of bricolage and psychological capital[J]. Journal of Small Business Management, 2019,57(1)：206-229.

[140] Zhang F H, Wang F. Research on entrepreneurship, entrepreneurial bricolage and performance of IT new venture[C]. E3S Web of Conferences, 2020(179)：02074.

[141] Alva E, Vivas V, Urcia M. Entrepreneurial bricolage：crowdfunding for female entrepreneurs during COVID-19 pandemic[J]. Journal of Entrepreneurship in Emerging Economies, 2023,15(4)：677-697.

[142] Onwuegbuzie H N, Mafimisebi O P. Global relevance of scaling African indigenous entrepreneurship [J]. Technological Forecasting and Social Change, 2021,166.

[143] 付丙海, 谢富纪, 张宏如. 创业拼凑的多层次诱发机制及影响效应[J]. 科学学研究, 2018,36(7)：1244-1253.

[144] 王国红, 秦兰, 邢蕊, 等. 新企业创业导向转化为成长绩效的内在机理研究：以创业拼凑为中间变量的案例研究[J]. 中国软科学, 2018(5)：135-146.

[145] 祝振铎. 创业导向、创业拼凑与新企业绩效：一个调节效应模型的实证研究[J]. 管理评论, 2015, 27(11)：57-65.

[146] 赵兴庐, 张建琦, 刘衡. 能力建构视角下资源拼凑对新创企业绩效的影响过程研究[J]. 管理学报, 2016, 13(10)：1518-1524.

[147] 左莉, 周建林. 认知柔性、创业拼凑与新企业绩效的关系研究：基于环境动态性的调节作用[J]. 预测, 2017, 36(2)：17-23.

[148] 孙红霞, 马鸿佳. 机会开发、资源拼凑与团队融合：基于 Timmons 模型[J]. 科研管理, 2016, 37(7)：97-106.

[149] 王玲, 蔡莉, 彭秀青, 等. 机会：资源一体化创业行为的理论模型

构建:基于国企背景的新能源汽车新企业的案例研究[J]. 科学学研究, 2017, 35(12): 1854-1863.

[150] 丁振阔, 叶广宇, 黄胜. 国际新创企业如何获取国际绩效?[J]. 外国经济与管理, 2018, 40(9): 30-41.

[151] 李硕. 基于战略视角的创业资源与创业绩效关系研究[D]. 长春: 吉林大学, 2014.

[152] Pearce II J A, Kramere T R, Robbins D K. Effects of managers' entrepreneurial behavior on subordinates[J]. Journal of Business Venturing, 1997, 12(2): 147-160.

[153] Bruno A V, Tyebjee T T. The environment for entrepreneurship[J]. Encyclopedia of entrepreneurship, 1982:288-307.

[154] Gartner W B. A conceptual framework for describing the phenomenon of new venture creation[J]. Academy of Management Review, 1985, 10(4): 696-706.

[155] 张玉利, 陈立新. 中小企业创业的核心要素与创业环境分析[J]. 经济界, 2004(3): 29-34.

[156] 蔡莉, 费宇鹏, 朱秀梅. 基于流程视角的创业研究框架构建[J]. 管理科学学报, 2006,9(1): 86-96.

[157] 张京, 杜娜, 杜鹤丽. 科技企业创业主体及其创业意愿影响因素分析[J]. 科技进步与对策, 2016, 33(2): 137-141.

[158] 崔宏桥, 吴焕文. 创业环境如何影响科技人员创业活跃度:基于中国 27 个省市的 fsQCA 分析[J]. 科技进步与对策, 2021, 38(13): 126-134.

[159] Kang Q, Li H B, Cheng Y Y, et al. Entrepreneurial ecosystems: analysing the status quo[J]. Knowledge Management Research & Practice, 2021, 19 (1): 8-20.

[160] 王秀峰, 李华晶, 张玉利. 创业环境与新企业竞争优势: CPSED 的检验[J]. 科学学研究, 2013, 31(10): 1548-1552, 1547.

[161] 闫俊. 国际创业环境特性、资源协同整合与国际创业绩效:基于石油化工行业的研究[D]. 长春:吉林大学, 2019.

[162] 方鸣, 翟玉婧, 谢敏, 等. 政策认知、创业环境与返乡创业培训绩

效[J]. 管理学刊, 2021, 34(6)：32-44.

[163] 王转弟, 马红玉. 创业环境、创业精神与农村女性创业绩效[J].
科学学研究, 2020, 38(5)：868-876.

[164] He C F, Lu J Y, Qian H F. Entrepreneurship in China[J]. Small
Business Economics, 2019, 52(2)：563-572.

[165] 刘榆潇, 蓝雅, 石永东, 等. 高校众创空间创业环境对初创企业绩
效的影响研究[J]. 科技管理研究, 2020, 40(21)：113-120.

[166] 邵传林. 制度环境、财政补贴与企业创新绩效：基于中国工业企业
微观数据的实证研究[J]. 软科学, 2015, 29(9)：34-37.

[167] 黄庆华, 胡江峰, 陈习定. 环境规制与绿色全要素生产率：两难还
是双赢？[J]. 中国人口·资源与环境, 2018, 28(11)：140-149.

[168] 李志广, 李姚矿. 城市创新创业环境有助于企业创新效率提升吗：
来自科创板上市公司的经验证据[J]. 科技进步与对策, 2022, 39(4)：101-111.

[169] Pérez-López S, Alegre J. Information technology competency, knowl-
edge processes and firm performance[J]. Industrial Management & Data Systems,
2012, 112(4)：644-662.

[170] 李巍, 谈丽艳, 张玉利. "借鸡生蛋"还是"引狼入室"？：新创企业战
略联盟的效应机制研究[J]. 管理工程学报, 2022, 36(2)：1-10.

[171] 石永东, 蓝雅, 刘榆潇, 等. 宽容的创业文化对再创业绩效的影响
机制[J]. 科学学研究, 2022, 40(7)：1254-1262.

[172] 王渊, 左温慧, 田梦. 基于"双创"生态圈建设的创新创业环境优
化：以陕西为例[J]. 科技管理研究, 2020, 40(19)：86-93.

[173] De Mol E, Cardon M S, De Jong B, et al. Entrepreneurial passion
diversity in new venture teams：An empirical examination of short- and long-term
performance implications [J]. Journal of Business Venturing, 2020, 35
(4)：105965.

[174] Zahra S A, Bogner W C. Technology strategy and software new
ventures' performance[J]. Journal of Business Venturing, 2000, 15(2)：135-173.

[175] Zahra S A, George G. Absorptive capacity：a review, reconceptual-
ization, and extension[J]. Academy of Management Review, 2002, 27(2)：185-

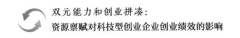
203.

[176] Robert Baum J, Wally S. Strategic decision speed and firm performance[J]. Strategic Management Journal, 2003, 24 (11)：1107-1129.

[177] 彭华涛, 李冰冰, 周灵玥. 环境动态性视角下创业企业的创新策略选择比较[J]. 科学学研究, 2021, 39(2)：347-355.

[178] 姚凯, 李晓琳. 组织双元能力与企业创业拼凑战略的互动效应：1个基于宠物食品行业的案例研究[J]. 复旦学报(自然科学版), 2021, 60(1)：1-13.

[179] 刘俊, 朱欣民, 陈伟德. 我国科技创业企业与风险投资冲突关系分析[J]. 科技进步与对策, 2014, 31(1)：103-106.

[180] 边伟军, 刘文光. 科技创业企业种群生态位测度方法研究[J]. 科学学与科学技术管理, 2014, 35(12)：148-157.

[181] 吕峰, 张仁江, 云乐鑫. 组织原型、创业领导力与科技创业企业成长路径及内在机理研究[J]. 科学学与科学技术管理, 2016, 37(6)：99-111.

[182] 李小青, 胡朝霞. 科技创业企业董事会认知特征对技术创新动态能力的影响研究[J]. 管理学报, 2016, 13(2)：248-257.

[183] 张玉利, 薛红志, 陈寒松, 等. 创业管理[M]. 4 版. 北京：机械工业出版社, 2017.

[184] 张秀娥, 徐雪娇. 创业学习与新创企业成长：一个链式中介效应模型[J]. 研究与发展管理, 2019, 31(2)：11-19.

[185] Brush C G, Vanderwerf P A. A comparison of methods and sources for obtaining estimates of new venture performance[J]. Journal of Business Venturing, 1992, 7(2)：157-170.

[186] 俞立平. 省际金融与科技创新互动关系的实证研究[J]. 科学学与科学技术管理, 2013, 34(4)：88-97.

[187] 陈晓眯, 朱文欣. 产业资本投资促进创新创业资源禀赋优化的路径[J]. 当代经济, 2021(4)：38-41.

[188] 张亦弛. 众创空间服务能力、小微企业资源禀赋与创业绩效的关系研究[D]. 镇江：江苏大学, 2019.

[189] 柳青, 蔡莉. 新企业资源开发过程研究回顾与框架构建[J]. 外国

经济与管理, 2010, 32(2): 9-15.

[190] 赵宏霞, 李豪, 杨皎平. 创业期组织文化结构对创业团队结构的顺应与控制[J]. 管理工程学报, 2022, 36(5):86-98.

[191] 彭少峰, 赵奕钧, 汪禹同. 社会资本、资源获取与返乡农民工创业绩效:基于长三角地区的实证[J]. 统计与决策, 2021, 37(22): 81-84.

[192] 易朝辉, 谢雨柔, 张承龙. 创业拼凑与科技型小微企业创业绩效研究: 基于先前经验的视角[J]. 科研管理, 2019, 40(7): 235-246.

[193] Chrisman J J, Bauerschmidt A, Hofer C W. The determinants of new venture performance: An extended model[J]. Entrepreneurship Theory and Practice, 1998, 23(1): 5-29.

[194] 田毕飞, 丁巧. 中国新创企业国际创业自我效能、模式与绩效[J]. 科学学研究, 2017, 35(3): 407-418.

[195] Murphy G B, Trailer J W, Hill R C. Measuring performance in entrepreneurship research[J]. Journal of Business Research, 1996, 36(1): 15-23.

[196] Menguc B, Auh S. The asymmetric moderating role of market orientation on the ambidexterity-firm performance relationship for prospectors and defenders[J]. Industrial Marketing Management, 2008, 37(4): 455-470.

[197] 张宸璐, 沈灏, 张洁, 等. 闲置资源、双元创新与持续竞争优势:基于资源拼凑视角[J]. 华东经济管理, 2017, 31(12): 124-133.

[198] 霍国庆, 张浩, 聂云阳. 基于资源基础理论的科研团队创新模式研究[J]. 科学学与科学技术管理, 2019, 40(6): 83-93.

[199] Wernerfelt B. A resource-based view of the firm[J]. Strategic Management Journal, 1984, 5(2): 171-180.

[200] Barney J B. Firm Resources and Sustained Competitive Advantage [J]. Journal of Management, 1991, 17(1): 99-120.

[201] Conner K R, Prahalad C K. A resource-based theory of the firm: Knowledge versus opportunism[J]. Organization Science, 1996, 7(5): 477-501.

[202] Barney J. Resource-based theories of competitive advantage: A ten-year retrospective on the resource-based view[J]. Journal of Management, 2001, 27(6): 643-650.

[203] 张琳, 席酉民, 杨敏. 资源基础理论 60 年: 国外研究脉络与热点演变[J]. 经济管理, 2021, 43(9): 189-208.

[204] Barney J B. Organizational culture: can it be a source of sustained competitive advantage? [J]. The Academy of Management Review, 1986, 11 (3): 656-665.

[205] Dierickx I, Cool K. Asset stock accumulation and the sustainability of competitive advantage: reply [J]. Management Science, 1989, 35 (12): 1514-1511.

[206] Grant R M. The resource-based theory of competitive advantage: implications for strategy formulation[J]. California Management Review, 1991, 33 (3): 114-135.

[207] Kogut B. , Zander U. Knowledge of the firm, combinative capabilities, and the replication of technology[J]. Organization Science, 1992, 3(3): 383-397.

[208] Amit R, Schoemaker P J H. Strategic assets and organizational rent [J]. Strategic Management Journal, 1993, 14(1): 33-46.

[209] Teece D J, Pisano G, Shuen A. Dynamic capabilities and strategic management[J]. Strategic Management Journal, 1997, 18(7): 509-533.

[210] Teece D J. The role of managers, entrepreneurs, and the literati in enterprise performance and economic growth[J]. International Journal of Technological Learning, Innovation and Development(IJTLID), 2007(1): 3-27.

[211] 吴航. 企业国际化、动态能力与创新绩效关系研究[D]. 杭州: 浙江大学, 2014.

[212] Helfat C E, Peteraf M A. The dynamic resource-based view: capability lifecycles[J]. Strategic Management Journal, 2003, 24(10): 997-1010.

[213] Barney J B, Clark D N. Resource-based theory: creating and sustaining competitive advantage[M]. Oxford: University Press, 2007.

[214] Halme M, Lindeman S, Linna P. Innovation for inclusive business: intrapreneurial bricolage in multinational corporations[J]. Journal of Management Studies, 2012, 49(4): 743-784.

［215］张璐, 梁丽娜, 苏敬勤, 等. 创业企业如何实现动态能力的演进: 基于多层级认知与行为协奏视角的案例研究［J］. 管理评论, 2021, 33(8): 341-352.

［216］Sirmon D G, Hitt, M A, Ireland R D. Managing firm resources in dynamic environments to create value: looking inside the black box［J］. Academy of Management Review, 2007, 32(1): 273-292.

［217］刘新梅, 赵旭, 张新星. 企业高层长期导向对新产品创造力的影响研究:基于资源编排视角［J］.科学学与科学技术管理,2017,38(3):44-55.

［218］张青, 华志兵. 资源编排理论及其研究进展述评［J］. 经济管理, 2020, 42(9): 193-208.

［219］Floyd S W, Lane P J. Strategizing throughout the organization: managing role conflict in strategic renewal［J］. The Academy of Management Review, 2000, 25(1): 154-177.

［220］王超. 创业警觉性的前因及对新创企业绩效的作用机制研究［D］. 长春:吉林大学, 2021.

［221］Belz F M, Binder J K. Sustainable entrepreneurship: a convergent process model［J］. Business Strategy and the Environment, 2017, 26(1): 1-17.

［222］Fischer D, Mauer R, Brettel M. Regulatory focus theory and sustainable entrepreneurship［J］. International Journal of Entrepreneurial Behavior & Research, 2018, 24(2):408-428.

［223］陈莹, 石俊国, 张慧. 可持续创业研究的前沿综述与展望［J］. 科学学研究, 2021, 39(2): 274-284.

［224］Duncan R B. The ambidextrous organization: designing dual structures for innovation［J］. The Management of Organization, 1976(1): 167-188.

［225］王思梦, 井润田, 邵云飞. 联盟惯例对企业双元创新能力的影响机制研究［J］. 管理科学, 2019, 32(2): 19-32.

［226］凌鸿, 赵付春, 邓少军. 双元性理论和概念的批判性回顾与未来研究展望［J］. 外国经济与管理, 2010, 32(1): 25-33.

［227］徐广平. 双元创业即兴对新创企业绩效的作用机制研究［D］. 长春:吉林大学, 2021.

［228］O'Reilly Ⅲ C A, Tushman M L. The ambidextrous organization［J］. Harvard Business Review, 2004, 82(4)：74−81, 140.

［229］Levinthal D A. Adaptation on rugged landscapes［J］. Management Science, 1997, 43(7)：934−950.

［230］Gupta A K, Smith K G, Shalley C E. The interplay between exploration and exploitation ［J］. Academy of Management Journal, 2006, 49 (4)：693−706.

［231］Raisch S, Birkinshaw J. Organizational ambidexterity：antecedents, outcomes, and moderators［J］. Journal of Management, 2008, 34(3)：375−409.

［232］苏涛永, 毛宇飞, 单志汶. 高管团队异质性、双元创新与企业成长：行业竞争与冗余资源的调节效应［J］. 科学管理研究, 2021, 39(6)：75−81.

［233］孙慧, 杨王伟. 高管激励、创新投入与创新绩效：基于高管"双元"资本的调节效应［J］. 科技管理研究, 2019, 39(10)：9−16.

［234］Mudambi R, Swift T. Knowing when to leap：Transitioning between exploitative and explorative R&D［J］. Strategic Management Journal, 2014, 35(1)：126−145.

［235］孙永磊, 党兴华, 宋晶. 基于网络惯例的双元能力对合作创新绩效的影响［J］. 管理科学, 2014, 27(2)：38−47.

［236］Quinn J B. Managing innovation：controlled chaos［J］. Harvard Business Review, 1986, 53(3)：73−84.

［237］陈向明. 质的研究方法与社会科学研究［M］. 北京：教育科学出版社, 2000.

［238］Glaser B G, Strauss A L, Strutzel E. The discovery of grounded theory：strategy for qualitative research［J］. Nursing Research, 1968, 17(4)：377−380.

［239］赵超. 大学创新创业教育与科技型中小企业创新发展影响因素及协同演化研究［D］. 徐州：中国矿业大学, 2020.

［240］Glaser B G. Theoretical sensitivity：advances in the methodology of grounded theory［M］. Mill Valley, Calif：Sociology Press, 1978.

［241］Strauss A L, Corbin J M. Basics of qualitative research：grounded theory procedures and techniques［M］. Newbury Park, Calif：Sage Publications,

1990.

[242] 李娟娟, 郭顺利. 认知视域下社会化问答社区用户知识采纳行为的影响因素:基于扎根理论的探索性分析[J]. 情报科学, 2022, 40(2):91-98.

[243] 张洪, 江运君, 鲁耀斌, 等. 社会化媒体赋能的顾客共创体验价值:多维度结构与多层次影响效应[J]. 管理世界, 2022(2):150-168, 10-17.

[244] 贺爱忠, 李雪. 在线品牌社区成员持续参与行为形成的动机演变机制研究[J]. 管理学报, 2015, 12(5):733-743.

[245] Rust R T, Cooil B. Reliability measures for qualitative data: Theory and implications[J]. Journal of Marketing Research, 1994, 31(1):1-14.

[246] 王汇宇. 基于浙江省民营企业家感知的营商环境满意度影响因素及机制研究[D]. 杭州:浙江大学, 2021.

[247] 赵敏. 科技创业企业的投资价值与投资策略研究[D]. 上海:上海交通大学, 2007.

[248] 杜轶龙. 科技型中小企业创业板上市融资途径优化[J]. 财会通讯, 2014(17):11-13.

[249] 王鸾凤, 鄢明蓓. 科技型企业的融资方式与绩效关系的实证[J]. 统计与决策, 2015(24):199-201.

[250] 徐宪平. 风险投资模式的国际比较分析[J]. 管理世界, 2001(2):63-68.

[251] 朱瑾璇, 朱启贵, 关瑾. 中国高科技企业社会关系投资与科技补贴的关系研究[J]. 科技管理研究, 2020, 40(9):98-106.

[252] 周立新. 社会情感财富对家族企业创业导向的影响[J]. 科技进步与对策, 2021, 38(9):82-89.

[253] 马天女. 创业导向对新创企业绩效的作用机制研究:基于创业拼凑和创业机会识别的中介作用[D]. 长春:吉林大学, 2019.

[254] 李志军. 中国城市营商环境评价[M]. 北京:中国发展出版社, 2019.

[255] 杜运周, 刘秋辰, 程建青. 什么样的营商环境生态产生城市高创业活跃度?:基于制度组态的分析[J]. 管理世界, 2020(9):141-155.

[256] 贾建锋, 周舜怡, 张大鹏. 高科技企业创业过程中人力资源管理

系统的演化升级:基于东软集团股份有限公司的案例研究[J]. 南开管理评论, 2018, 21(5): 162-175.

[257] Boxall P. The strategic HRM debate and the resource-based view of the firm[J]. Human Resource Management Journal, 1996, 6(3): 59-75.

[258] 柴茂昌, 曾志敏. 完善创业企业人力资源管理政策[J]. 开放导报, 2016(6): 57-60.

[259] Bosma N, Van Praag M, Thurik R, et al. The value of human and social capital investments for the business performance of startups[J]. Small Business Economics, 2004, 23(3): 227-236.

[260] 张炜, 袁晓璐. 技术企业创业策略与创业绩效关系实证研究[J]. 科学学研究, 2008, 26(S1): 166-170,115.

[261] 邹芳芳, 黄洁. 返乡农民工创业者的创业资源对创业绩效的影响[J]. 农业技术经济, 2014(4): 80-88.

[262] 马光荣, 杨恩艳. 社会网络、非正规金融与创业[J]. 经济研究, 2011, 46(3): 83-94.

[263] Calabrese T, Baum J A, Silverman B S. Canadian biotechnology start-ups, 1991-1997: the role of incumbents' patents and strategic alliances in controlling competition[J]. Social Science Research, 2000, 29(4): 503-534.

[264] 李永周, 阳静宁, 田雪枫. 科技创业人才的孵化网络嵌入、创业效能感与创业绩效关系研究[J].科学学与科学技术管理,2016,37(9):169-180.

[265] 李薇, 张龙. 创业绩效、政府资助与研发变化研究[J]. 商业经济研究, 2019(24): 189-192.

[266] 王是业, 武常岐. 孵化支持会促进创业企业增加研发投入吗?:在孵企业研发人力资源的调节作用[J].研究与发展管理,2017,29(2):20-28.

[267] 曹玉玲, 田新民. 创新视角下金融机构人力资源柔性研究[J]. 系统管理学报, 2021, 30(5): 937-947.

[268] Cao Q, Gedajlovic E, Zhang H P. Unpacking organizational ambidexterity: Dimensions, contingencies, and synergistic effects[J]. Organization Science, 2009, 20(4): 781-796.

[269] Williams T A, Zhao E Y, Sonenshein S, et al. Breaking boundaries

to creatively generate value：The role of resourcefulness in entrepreneurship[J].
Journal of Business Venturing，2021，36(5)：106141.

[270] 汤莉，余银芳. CEO 学术经历与企业双元创新[J]. 华东经济管理，2021，35(10)：59-69.

[271] Phelps C C. A longitudinal study of the influence of alliance network structure and composition on firm exploratory innovation[J]. Academy of Management Journal，2010，53(4)：890-913.

[272] 马海燕，朱韵. 研发时序双元转换与组织绩效的关系研究[J]. 管理学报，2020，17(12)：1777-1785.

[273] 邓峰，王一飞. 技术锁定对创新绩效的影响：创新模式的调节作用[J]. 科技进步与对策，2022,39(14):1-11.

[274] 程松松. 绩效落差、网络战略与企业双元创新[D]. 长春：吉林大学，2021.

[275] Rajan R G，Zingales L. Power in a theory of the firm[J]. The Quarterly Journal of Economics，1998，113(2)：387-432.

[276] 孙俊华，陈传明. 企业家社会资本与多元化战略：一个多视角的分析[J]. 科学学与科学技术管理，2009，30(8)：176-181.

[277] 王庆金，王强，周键. 社会资本、创业拼凑与新创企业绩效:双重关系嵌入的调节作用[J]. 科技进步与对策，2020，37(20)：49-57.

[278] 朱秀梅，鲍明旭，方琦. 变革领导力与创业拼凑：员工建言与刻意练习的权变作用研究[J]. 南方经济，2018(6)：102-119.

[279] 薛佳慧，彭华涛. 创新投入、国际人才流动与国际创业:基于国家级高新技术产业开发区的实证研究[J]. 中国科技论坛，2022(2)：133-140，169.

[280] 于晓宇，陈颖颖. 冗余资源、创业拼凑与瞬时竞争优势[J]. 管理科学学报，2020，23(4)：1-21.

[281] 董小英，晏梦灵，余艳. 企业创新中探索与利用活动的分离-集成机制:领先企业双元能力构建研究[J]. 中国软科学，2015(12)：103-119

[282] 晏梦灵，董小英，余艳. 多层次组织学习与企业研发双元能力构建:以华为 IPD 系统实施为例[J]. 研究与发展管理，2016，28(4)：72-86.

［283］池毛毛，叶丁菱，王俊晶，等. 我国中小制造企业如何提升新产品开发绩能：基于数字化赋能的视角［J］. 南开管理评论，2020，23（3）：63-75.

［284］崔月慧. 双元创新与新创企业绩效：基于多层级网络结构的联合调节效应研究［D］. 长春：吉林大学，2018.

［285］韩洁，田高良，司毅. CEO 变更对企业研发投入的影响研究［J］. 西安交通大学学报（社会科学版），2015，35（2）：27-35.

［286］刘鑫，薛有志. CEO 接班人遴选机制与 CEO 变更后公司风险承担研究：基于 CEO 接班人年龄的视角［J］. 管理评论，2016，28（5）：137-149.

［287］李涛，沈晶，宋沂邈，等. CEO 个人特征、激励与企业创新绩效：基于创业板高科技企业的实证研究［J］. 会计之友，2021（19）：27-34.

［288］吴俊杰，盛亚，姜文杰. 企业家社会网络、双元性创新与技术创新绩效研究［J］. 科研管理，2014，35（2）：43-53.

［289］West J, Gallagher S. Challenges of open innovation：the paradox of firm investment in open-source software［J］. R and D Management，2006，36（3）：319-331.

［290］Davidsson P, Honig B. The role of social and human capital among nascent entrepreneurs［J］. Journal of Business Venturing，2003，18（3）：301-331.

［291］李翠妮，温瑶，葛晶，等. 市场潜能促进了高学历人才创业吗？：基于 2016 年 CFPS 调查数据的实证分析［J］. 中国经济问题，2020（5）：71-83.

［292］周洋，刘雪瑾. 认知能力与家庭创业：基于中国家庭追踪调查（CFPS）数据的实证分析［J］. 经济学动态，2017（2）：66-75.

［293］张静. 社会网络结构、个体双元能力影响知识型员工直觉决策效用的机理研究［D］. 南京：南京大学，2014.

［294］吴绍玉，王栋，汪波，等. 创业社会网络对再创业绩效的作用路径研究［J］. 科学学研究，2016，34（11）：1680-1688.

［295］饶扬德. 企业技术能力成长过程与机理研究：资源整合视角［J］. 科学管理研究，2007，25（5）：59-62.

［296］裴旭东，李随成，黄聿舟. 模糊前端参与对突破性创新的影响研究［J］. 科学学研究，2015，33（3）：460-470.

［297］裴旭东，黄聿舟，李随成. 资源识取行为对技术差异化能力的影

响[J]. 科学学研究, 2018, 36(5): 893-900,921.

[298] 蔡文著, 汪达. 资源禀赋对家庭农场成长绩效影响的实证研究:创业拼凑的中介效应[J]. 江西社会科学, 2020, 40(7): 229-238.

[299] 孙永磊, 陈劲, 宋晶. 双元战略导向对企业资源拼凑的影响研究[J]. 科学学研究, 2018, 36(4): 684-690,700.

[300] 吕潮林, 彭灿, 李瑞雪, 等. 动态环境下组织双元学习及其互补性对企业可持续发展绩效的影响:持续创新能力的中介作用[J]. 科技管理研究, 2021, 41(22): 135-144.

[301] Jansen J J P, Van Den Bosch F A J, Volberda H W. Exploratory innovation, exploitative innovation, and performance: effects of organizational antecedents and environmental moderators[J]. Management Science, 2006, 52(11): 1661-1674.

[302] Jansen J J P, Tempelaar M P, Van den Bosch F A J, et al. Structural differentiation and ambidexterity: The mediating role of integration mechanisms[J]. Organization Science, 2009, 20(4): 797-811.

[303] 许庆瑞, 吴志岩, 陈力田. 转型经济中企业自主创新能力演化路径及驱动因素分析:海尔集团 1984—2013 年的纵向案例研究[J]. 管理世界, 2013(4): 121-134,188.

[304] 彭灿, 李瑞雪, 杨红, 等. 动态及竞争环境下双元创新与企业可持续发展关系研究[J]. 科技进步与对策, 2020, 37(15): 70-79.

[305] 董保宝, 程松松, 张兰. 双元创新研究述评及开展中国情境化研究的建议[J]. 管理学报, 2022, 19(2): 308-316.

[306] 孙慧, 郭秋秋. 环境规制、双元创新与企业绩效:环境动态性的调节作用[J]. 生态经济, 2021, 37(5): 72-78.

[307] 何红渠, 沈鲸. 环境不确定性下中国国际化企业双元能力与绩效关系[J]. 系统工程, 2012, 30(8): 30-37.

[308] 杨栩, 李润茂. 双元创新视角下资源拼凑对新创企业成长的影响研究[J]. 科技管理研究, 2021, 41(13): 1-7.

[309] 冯飞鹏, 韦琼华. 产业政策、科技人力资源配置与企业创新风险[J]. 投资研究, 2020, 39(5): 142-157.

［310］张怀英，李璐，蒋辉．正式关系网络、企业家精神对中小企业绩效的影响机制研究［J］．管理学报，2021，18（3）：353-361．

［311］张玉明，刘德胜．企业文化、人力资源与中小型科技企业成长关系研究［J］．科技进步与对策，2010，27（5）：82-89．

［312］魏明．企业家人力资本模型初论［J］．武汉大学学报（社会科学版），2003，56（3）：313-318．

［313］Fischer E M，Reuber A R，Dyke L S. A theoretical overview and extension of research on sex，gender，and entrepreneurship［J］．Journal of Business Venturing，1993，8（2）：151-168．

［314］张宝文．创业者人力资本对创业成功的作用机制研究［D］．长春：吉林大学，2018．

［315］Politis D. The process of entrepreneurial learning：a conceptual framework［J］．Entrepreneurship Theory and Practice，2005，29（4）：399-424．

［316］李颖，赵文红，杨特．创业者先前经验、战略导向与创业企业商业模式创新关系研究［J］．管理学报，2021，18（7）：1022-1031．

［317］曹钰华．社会网络、创业学习、科技创业能力与科技创业绩效：基于关键要素多重作用视角的研究［D］．苏州：苏州大学，2018．

［318］李路路．社会资本与私营企业家：中国社会结构转型的特殊动力［J］．社会学研究，1995，10（6）：46-58．

［319］贺小刚．企业家能力与企业成长：一个能力理论的拓展模型［J］．科技进步与对策，2006，23（9）：45-48．

［320］宋春霞．科技创业企业股权融资："才引财来"还是"财逐才入"？［J］．外国经济与管理，2019，41（3）：141-152．

［321］李泽一，宋清．科技型企业并购绩效评价研究［J］．会计之友，2012（25）：45-48．

［322］周霞，宋清．科技型企业技术资源对财务竞争力的影响［J］．企业经济，2014，33（4）：43-47．

［323］肖丁丁．跨界搜寻对组织双元能力影响的实证研究［D］．广州：华南理工大学，2013．

［324］朱朝晖，陈劲．探索性学习与挖掘性学习及其平衡研究［J］．外国

经济与管理, 2007(10): 54-58.

[325] Senyard J, Baker T, Davidsson P. Entrepreneurial bricolage: towards systematic empirical testing[J]. Frontiers of Entrepreneurship Research, 2009, 29(5): 5.

[326] Davidsson P, Baker T, Senyard J M. A measure of entrepreneurial bricolage behavior[J]. International Journal of Entrepreneurial Behavior & Research, 2017, 23(1): 114-135.

[327] Li H Y, Atuahene-Gima K. Product innovation strategy and the performance of new technology ventures in China[J]. Academy of Management Journal, 2001, 44(6): 1123-1134.

[328] Jaworski B J, Kohli A K. Market orientation: antecedents and consequences[J]. Journal of Marketing, 1993, 57(3): 53-70.

[329] 冯军政. 环境动荡性、动态能力对企业不连续创新的影响作用研究[D]. 杭州: 浙江大学, 2012.

[330] 刘方润亚. 环境动态性下网络能力对创新绩效的作用机制研究[D]. 北京: 中国矿业大学(北京), 2019.

[331] 岳金桂, 于叶. 技术创新动态能力与技术商业化绩效关系研究: 环境动态性的调节作用[J]. 科技进步与对策, 2019, 36(10): 91-98.

[332] 邓稳根, 黎小瑜, 陈勃, 等. 国内心理学文献中共同方法偏差检验的现状[J]. 江西师范大学学报(自然科学版), 2018, 42(5): 447-453.

[333] 朱海腾, 李川云. 共同方法变异是"致命瘟疫"吗?: 论争、新知与应对[J]. 心理科学进展, 2019, 27(4): 587-599.

[334] 熊红星, 张璟, 叶宝娟, 等. 共同方法变异的影响及其统计控制途径的模型分析[J]. 心理科学进展, 2012, 20(5): 757-769.

[335] Podsakoff P M, MacKenzie S B, Lee J Y, et al. Common method biases in behavioral research: a critical review of the literature and recommended remedies[J]. The Journal of Applied Psychology, 2003, 88(5): 879-903.

[336] 方杰, 温忠麟, 张敏强, 等. 基于结构方程模型的多重中介效应分析[J]. 心理科学, 2014, 37(3): 735-741.

[337] 温忠麟, 叶宝娟. 中介效应分析: 方法和模型发展[J]. 心理科学

进展，2014，22（5）：731-745.

［338］Aiken L S，West S G，Reno R R. Multiple regression：Testing and interpreting interactions［M］. Newbury Park，Calif：Sage Publications，1991.

［339］汪金爱. 创始人初始社会地位与社会资本对创业绩效的影响研究［J］. 管理科学，2016，29（5）：45-56.

［340］张颖颖，胡海青. 二元技术能力、制度环境与创业绩效：来自孵化产业的实证研究［J］. 科技进步与对策，2016，33（18）：113-120.

［341］Tirole J. Economics for the Common Good［M］. Princeton：Princeton University Press，2017.

附录一　半结构化访谈提纲

注：在访谈中不应局限于以下问题，应尽可能引导受访者自己谈一谈对公司创业、管理和工作中遇到的问题的看法。对受访者反复提及的问题可以适当追问。

日期：

公司名称：

受访人姓名及职务：

访谈问题：

1. 您公司成立的时间：

2. 您公司开展的主要业务：

3. 您公司目前的员工数量：

4. 您公司是否已认定：A 科技型中小企业　　B 高新技术企业　　C 以上均不是

5. 从创业初期至今，您公司的效益如何？增长快吗？是否达到了您创业最初的既定目标？

6. 您觉得自己企业的发展与其他企业、政府或者高校关系紧密吗？有什么具体的案例可以分享吗？

7. 您觉得作为科技型企业，研发环节是最重要的环节吗？您的企业在研发环节有什么具体的举措吗？比如加大资金投入等。

8. 在您公司涉足的领域，创业环境（顾客偏好、技术升级、人员流动等）变化快吗？您觉得公司能够较好地适应这种变化吗？

9. 从创业初期至今，您对员工的招聘要求是否有变化？您一般要求员工具备哪些条件？您认为这些条件对您公司的发展有哪些作用？您能否跟我们说说您会优先考虑什么样条件的员工？比如专业背景、经历经验、关系背景等。为什么？

10. 在公司创业的初期，您有没有遇到过比较大的困难，能否跟我们大致说说都有什么比较棘手的困难？您觉得企业遇到困境的时候（比如缺资金、缺人才、缺物料、缺客户），您首先想到的解决方法是什么？是整合自己现有的资源，向其他机构或个人求助，还是其他方法？

11. 您公司是否曾将所拥有的资源，包括人力、物质、资金、技术等，进行必要的重新组合以缓解随时可能出现的问题？最简单的例子是，原本的人事专员可能会因为业务需要临时转变为销售专员，再比如原本用于某项业务开发的资金临时被挪用到别的项目上以缓解短暂性的挑战。您有过类似的经历吗？

12. 您公司是否曾经从别的渠道获得廉价的资源来应对自身发生的危机？请举个例子。

附录二 开放式编码

原始语料	初始概念编号	初始概念	初始范畴编码	初始范畴
我们公司绝大多数员工都没有什么工作经验，都是通过校园招聘招聘进来的	1	面向高校毕业生招聘是公司招聘的主要途径		
我们有很多员工都是我去高校招聘挖过来的				
我们老板其实还是很喜欢应届毕业生的，因为他自己就是才毕业没多久				员工以无经验为主
应届毕业生没什么经验但是敢想敢做，我觉得这是创业公司需要的	2	公司大多数员工没有工作经验，但是敢想敢做，有冲劲	A1	
才毕业的学生很愿意来我们创业公司，一个是他们经验不足很多大企业会挑拣，一个是我们企业氛围比较好				
我们公司的年轻人大部分都是跟着公司成长的，从什么都不懂到现在能带项目，我觉得是创业带给年轻人的魅力				
没有经验不是年轻人最致命的问题				
大多数员工对企业文化是认同的，都是和企业发展一起成长起来的				
有一部分员工还是比较有经验的	3	工作经验是领导必备的条件		
公司现在每个部门的领导都是之前有过工作经验的人				
项目团队主管都是有经验的				核心人员经验丰富
我们有之前别的创业公司的人创业失败了找到我合作创业的	4	可以有创业经验但是不需要很丰富	A2	
创业经验不是必须的，但是有经验我肯定是欢迎的				
我们当初创立的时候就是几个本身就有创业经验、有自己公司的人聚在一起一拍即合组建了这个公司的				

续表

原始语料	初始概念编号	初始概念	初始范畴编码	初始范畴
工作经验和能力比学历更重要	5	公司更愿意招聘经验丰富的员工	A3	工作经验与待遇成正比
其实我们很需要有经验的人				
有经验的人可以直接进组带项目，能加快我们项目的进展				
招聘经验丰富的员工意味着公司的前期投入会更多	6	经验决定待遇		
专业人才的工资肯定会比零经验的高				
一开始招应届生还有个好处就是能节省部分开支				
我们这个圈子很小，大部分工程师之间都认识，互相帮忙做事是很常见的情况	7	园区内创业公司员工之间的关系很好，有技术上的交流	A4	企业间员工交流多样
我们这层楼的入驻企业关系都不错，如果有一些技术上的小问题，别的公司的工程师不忙的时候也会来帮个忙				
园区经常有交流活动，要说真正的员工共享肯定做不到，但是互相帮忙还是有的	8	企业员工之间联系密切且形式多样		
技术人员之间的关系很紧密，只要不涉及公司机密，我们很鼓励这种交流				
这层楼的孵化企业员工之间关系都很好，甚至有在我们这几个企业之间跳槽的情况				
不同企业之间员工私下搞联谊的情况也挺多的				
我们现在最主要的合作对象是公司	9	公司是我们主要的合作对象	A5	企业是主要合作对象
企业是我们主要的客户群体，整体收益也比较高，比如建华管桩				
一般跟我们合作的公司都是比较大的企业，比如字节跳动、蔚来汽车、好未来等，因为我们本地能够跟他们合作的这个领域的企业只有我们				
一方面我们会跟其他公司有很多的合作，另一方面因为创业才开始，我们需要向很多公司学习管理经验	10	公司会共享经验并分享客户		
我们有的项目就是其他合作的公司给我们介绍的，这个就是一个介绍一个，跟你们买东西一样，口碑好了，关系网就出来了				

原始语料	初始概念编号	初始概念	初始范畴编码	初始范畴
园区会有沙龙这种交流形式，就是让我们坐下来互相学习的	10	公司会共享经验并分享客户	A5	企业是主要合作对象
政府有比较优惠的政策，比如税收政策	11	政府政策有利于企业发展		
我们（创业）园区给我们提供了很多的便利				
政策对科技型企业的倾斜力度还是比较大的				
在政府召开的各种会议及数据领域的一些专题会上我们可以认识不少其他公司，这对我们后面谈项目是很有好处的	12	政府活动有利于企业谈成项目	A6	企业与政府关系密切
我们绝大多数合同都是自己跑来的，但是也有一小部分是政府各种推介会后谈来的				
肯定要积极参加政府的各种活动的，收益远比你们想的多				
对我们科技企业来说，现在大环境特别好，相关的政策很多，还可以申报一些项目	13	政府合作项目多有利于企业稳定发展		
企业现在主要的服务对象是政府，绝大多数在手上的项目是跟政府合作的项目，政府是我们最大的客户				
帮政府建平台这种项目，不是每个企业都能投标成功的，但是对我们企业稳定发展肯定是有很多好处的				
我们很多员工都是通过高校招聘会招来的	14	高校与企业的对接是为了学生更好地发展	A7	高校与企业互惠互利
我自己就是本地高校的创业导师				
对面学校还找我们老板去讲过创业故事				
大学是家一样的地方，我创业最初资金紧张的时候就是母校给予我帮助的	15	高校在公司业务发展上提供了很多帮助		
我们和高校在项目上的合作很多				
技术上的攻关有时候确实需要高校教师的加入，我们现在手边有个项目就是和你们学校电气学院合作的				
我们已经连续两年和高校合作申报"互联网+"的比赛了				

续表

原始语料	初始概念编号	初始概念	初始范畴编码	初始范畴
我们主要是靠天使投资	16	金融融资是资金的主要来源	A8	创业资金获取多样化
主要是银行贷款				
融资肯定还是需要路演，然后把方案讲给投资方听，说服他们投钱，不可能都掏自己家底的，毕竟家里也不是说家财万贯				
母校在资金上给予了很大的帮助	17	创业者的网络关系提供了资金支持		
跟朋友亲戚借过钱				
除了天使投资，我家里确实也贴补了很多				
给技术人员提升待遇是为了让企业积累更多的技术经验	18	企业采用多种多样的方法留住技术人员	A9	技术人才支持政策丰富
一般来说，技术人员的工资是我们公司最高的，因为他们的项目绩效比其他部门高多了，这也是为了让他们留下来				
我们鼓励研发人员多学习，公司会给他们提供便利，以便他们提升自己，更好地服务公司，但是不能提升完就离职了				
更专业的人就意味着我的资金需要持续性投入	19	公司为有经验的技术人才多投入		
公司在人力资本上的投入主要看这个人值不值得，不会平均化，工资一定有差异				
对技术人才，我们还是很肯花钱的				
有的地方不能省钱，比如有经验有研发技术的人，我们得用好人才，留住他们				
我们公司对技术的要求是比较高的	20	技术是企业生存发展的基础	A10	技术是核心
我们企业生存的基础就是我们的专业技术				
技术就是我们公司的核心				
在整个公司运营的过程中，技术是最重要的				
阅历、学历、人脉这些在我看来都没有专业技能重要	21	公司招聘的主要条件是有技术研发能力		
应聘者的技术条件和研发能力是我们人力部门主要考虑的问题				

原始语料	初始概念编号	初始概念	初始范畴编码	初始范畴
专业的人做专业的事，专业的资源用在专业的地方	21	公司招聘的主要条件是有技术研发能力	A10	技术是核心
企业有自己的专利	22	企业专利数量多	A11	专利成果丰富
我们有很多专利				
科技企业都有专利，然后围绕自己的专利去接项目，简单讲，科技企业就是这么建立的				
核心专利是我创业之前就有的，其他还有几个是开始创业后慢慢搞的	23	申请专利的渠道多		
公司鼓励员工申请专利，对我们科技型企业来说是好事				
如果是跟我们公司业务相关的专利，我们肯定希望能依托公司来申请				
销售是我们目前最重要的工作	24	生存期创业企业注重销售	A12	销售和管理影响企业生存
对内是技术，对外肯定是销售				
没有客户，发展什么的都不用谈了				
我认为管理是除了研发之外最重要的环节	25	管理理念统一有效		
一开始就得管理好，否则发展到后面企业就会混乱				
我们团队的管理理念是比较统一的，比如在考核上我们不支持加班				
一般我们如果招聘，不太会出现人事部门和老板之间有分歧的现象				
我认为学习能力是最重要的	26	公司注重员工学习	A13	员工素质能力多样
员工培训是肯定要做的，而且新手上手也会比较困难				
培训的时候一般会让有经验的老员工来一对一带，这个步骤是少不了的，包括做项目的时候老带新是必须的				
自己学也很重要，不可能事事都是公司手把手教，毕竟公司是招你来干活的不是来免费培训的				

续表

原始语料	初始概念编号	初始概念	初始范畴编码	初始范畴
员工尽可能要在工作时间内完成工作	27	工作能力是企业重点考核的能力	A13	员工素质能力多样
我很关注员工的基本性格和他的工作态度				
对于坐不住的员工，我的考核结果肯定是不通过或者是非优秀的，甚至可能辞退				
人的性格很重要，太浮躁的性格不适合我们公司，尤其是坐不住的那种	28	员工需要多元化能力并为企业带来效益		
沟通交流能力是我比较看重的能力，因为我觉得团队意识很重要，如果交流能力太差，我们很多合作性的工作都没法完成				
自我调节能力也很重要，程序员压力很大，不会排解压力的话工作效率也会受影响				
遇到事的时候不要慌，有新来的员工工作遇到一点点小问题就开始慌				
创业公司嘛，社保肯定是一笔很大的开支，为了节省开支，我们会有一部分兼职员工	29	创业企业经常会使用共享员工或者兼职员工	A14	共享员工优势大
我们在用工这块是比较灵活的，确实有一部分共享员工				
兼职员工可以给我们减少一部分开支				
共享员工在我们创业园里是一个比较普遍的现象，我相信各个入驻企业多多少少会有这种情况				
我们很多工作其实在家就可以完成，所以可以接受兼职和共享员工	30	工作方式比较灵活		
主要是需要电脑，其实员工如果在家能工作的话，目前我们也不会强制坐在工位上，把工作做好就可以了				
我们公司不会使用共享员工	31	共享员工的不确定性会导致后续成本的增加	A15	共享员工有部分劣势
使用共享员工会导致后续成本的增加				
我认为共享员工存在一定的不稳定性，而且持续性也并不是很高				
共享员工跟我们正式员工比，可能责任感低一些	32	共享员工可控性差		

原始语料	初始概念编号	初始概念	初始范畴编码	初始范畴
我们肯定不能把核心项目的核心环节交给共享员工来做，这是一个信任的问题	32	共享员工可控性差	A15	共享员工有部分劣势
共享员工保密性一般，不是很好管理				
我们一般不存在项目之间互相挪用资金的情况，因为我们的项目资金应该是都够的，资金这块是相对稳定的	32	公司资金稳定，暂时不需要公司内二次整合资金	A16	企业发展缓解资源紧张
我们目前合作的甲方基本是大企业，跟他们合作的话，资金上相对也不会有什么风险				
目前客户群大多是政府，政府的项目资金比较稳定，不会出现拖欠的情况				
我们初期的时候天天跑业务	33	创业者积极应对资金问题	A17	多种方式应对危机
虽然技术是核心，但是前期资金亏空严重的情况下，我的重点全在找客户上				
一般假如天使投资还有余额，我们会优先考虑；如果没有，我们会争取银行贷款				
初期我们公司的客户基本上都是我自己跑来的	34	创业者更倾向于亲力亲为		
我们公司到现在都没有业务部，都是老板直接自己去谈业务				
一般来说，创业团队里总有人销售能力比较强，尤其是老板				
如果出现了一些难以攻克的情况，企业资金更倾向于使用在研发的环节	35	优先调配内部资源应对危机	A18	内外同时应对资源危机
重新临时组合资源在公司中是比较常见的情况，手边不重要的事情缓缓也不要紧				
公司内部资源不会分得那么清楚，我们一般紧着着急的项目，其他项目可以把资源先匀过去，哪个着急哪个先用				
有时候出去找资源找方法来解决我们遇到的缺人缺钱这些问题倒不如我们自己内部调整消化一下				

续表

原始语料	初始概念编号	初始概念	初始范畴编码	初始范畴
通过寻求合作伙伴这种形式，可以把一部分项目外包，这样的话，我们可以更好地解决资源困境	36	向其他企业寻求合作增加自己的防风险能力	A18	内外同时应对资源危机
寻求合作可以让我们的赢面变大，有1+1>2的效果				
招聘的时候我最看重的是我们公司需要什么样的人，当时缺什么人我就招什么人				
招聘可以为了发展也可以为了生存，要看公司现阶段的具体情况				
有的兄弟企业有一些闲置的资源，比如多余的员工、多余的项目、多余的物料，会在我们需要的时候帮助我们				
这对我们公司长期积累的关系网是个考验				
公司经营范围的多元化和对接客户的多样化可以很好地减少我们遇到危机的概率	37	对外提前预防资源危机		
制定面向顾客的预案可以预防突发危机的产生				
公司内部每隔一段时间会总结问题并且对下一步工作的可行性进行细致的讨论，尽量把可能的问题在一开始就想好对策				
一般出现问题的时候，我们首先考虑的是选择性价比比较高的资源	38	高性价比的资源更能接受	A19	高性价比资源可缓解资源困境
不管什么情况，我们肯定更愿意选择物超所值的资源				
有时候廉价资源反而可以取得很好的效果，反正试错成本也不高，我会愿意试				
我们必须得选有用的资源，不可能贪便宜然后拿来一些用不上的资源，那就是雪上加霜	39	有利资源的获取和辨别有难度		
有用的资源的辨别说实话也是一个很难的问题				
就怕出什么问题，毕竟大家都有钱在里面	40	初期的资金困境已经缓解		
现在来看，我们确实没有被一开始的资金缺口困住				
暂时没有资金的问题				

原始语料	初始概念编号	初始概念	初始范畴编码	初始范畴
政策上的突然变动有时候会导致我们的工作发生一个突发性的变化，比如网安系统的研发	41	政策会影响企业的承接项目发展方向	A20	政府与企业互惠互利
我们现在和政府合作的项目是基于政府需要的，比如现在建数字政府，他们也需要做很多平台，也需要数据库支撑				
像国家安全局这种涉密单位对我们平台搭建、数据维护等是有特殊要求的				
企业对政策的关注度肯定是比较高的，一方面现在的优惠政策比较多，另一方面政府招标对每一个能投中的企业来说都是稳定的好项目	42	政府和企业的需要是相互的		
政府其实在很多层面上也需要企业的帮助，比如招商引资，设备平台的搭建，这些光靠公务员自己肯定是不行的，还是得联系企业才能做好这些事				
政府政策上的变化相对是比较缓慢的	43	政策环境变化慢	A21	社会环境变化不利于企业发展
园区给我们提供了比较大的帮助，主要是房租、物料、水电，等等				
银行在资金贷款上给了我们很多帮助				
优惠政策通知到我们，然后我们再申请，然后再办再实施，再验收评价，这个过程是比较长的				
疫情之下，公司发展受到了影响	44	经济环境的不景气给企业发展带来了负面影响		
这两年经济有一些不景气，我们其实有时候结项就会受到一些影响				
现在因为"双减"的要求，教培行业受到了影响，那我们跟好未来的合作必然就会受到影响	45	顾客需求变化缓慢	A22	产品更新慢
客户的需求不会轻易产生大的变化的				
我们做的每一个数据都是深入定制的，保护性强，不是通用的，因此甲方不会有太大的变化，那我们的定制服务就不会有太大的变化				

续表

原始语料	初始概念编号	初始概念	初始范畴编码	初始范畴
这么多年只要他们的工艺没有太大变化，对我们的设备来说就没什么变化	46	产品的更新取决于顾客的更新速度	A22	产品更新慢
甲方都是成熟的大企业，大政策理念上面不会有太大的变化，除非我们合作的是他们的全新项目				
升级平台数据库不需要我们一直盯着，每隔一段时间我们会主动去更新。这个就属于我们售后的一部分。比如之前给百度练智能音箱的 AI 技术的数据，不会一直不停更新的				
产品升级的时候，我们员工或者技术人员会上门去进行一个矫正或者填充，但是并不会非常频繁				
我们每年会集中进行一次数据库的更新				
因为是定制服务，所以不存在产品更新换代快问题				
员工待遇比较好，所以跳槽的不多	47	员工外部环境相对稳定，流动性不强	A23	员工流动率低
共享员工虽然不是全职的，但是流动不快，因为我们这个产业很多人都在做共享员工，我们可以把他们当正式员工用				
我们这个行业的薪资基本差不多，工作强度也都差不多，员工去哪儿差别都不大				
从源头讲的话，就没有一个很想去跳槽的这么一个冲动				
我们一直在尽量保持公司的核心组织团队的稳定	48	核心技术团队相对稳定		
我们公司一般员工的流动性是有点快的，因为我们共享员工用得比较多，但是我们核心研发人员比较固定				
最早一批的技术人员没有离职的				
我们团队一开始有 5 个人，但是其他人后来因为发展的不利，考公务员或者考事业编，都走了，只剩老板一个人了	49	创业团队成员存在变化	A24	创业初始团队稳定
我们团队在这几年核心的创业团队成员有过变动，因为各种个人原因吧				

原始语料	初始概念编号	初始概念	初始范畴编码	初始范畴
有变动很正常，利益不均、理念不同都会导致变动，但是核心的人没怎么变过	49	创业团队成员存在变化	A24	创业初始团队稳定
最开始老板是我叔叔，后来转给我的 最大的老板没变过	50	创业团队核心成员稳定		
在本地我们确实没什么竞争对手，可以说棋逢对手 我们行业属于比较良性的行业，同行之间的竞争尤其是恶意竞争是比较小的 竞争肯定有的，但是我们会积极应对	52	区域性行业内竞争平稳，竞争环境不恶劣	A25	企业行业环境稳定
确实是要对环境的变化做出一个适应变化的调整，先从自己的企业入手调整	53	要从自身调整适应环境的变化		
公司利润每天都在递增，每年都有多一倍左右的利润 我们绩效还可以，能够达到我们的预期目标 收益显而易见是一直在上涨的，虽然可能因为才开始，所以并没有多大的数目，但确实是一年比一年好的	54	公司绩效可观	A26	企业绩效良好
不能说已经完成了目标，应该说是在奔向那个目标 我们希望能发展得更好	55	公司还在成长		
现在可能有些问题，但是我很有信心，我觉得我们能解决 依现在的情况来看，我对我们公司未来的发展很有信心	56	公司未来可期		

(注：内容系作者根据分析结果自制，由于篇幅限制，只选取了**部分**具有代表性的原始语料)

附录三 调查问卷

科技型创业企业调查问卷

尊敬的女士/先生:

您好！非常感谢您能在百忙之中参加本次关于创业资源禀赋与创业绩效提升的关系研究。问卷结果将用于博士论文撰写和课题研究。本次调查旨在研究在动态多变的市场环境中，科技型创业企业如何利用和配置已有的创业资源，通过双元能力和创业拼凑来提升创业绩效。本问卷产生的数据仅作为学术研究使用，我们承诺绝不泄露任何您的个人信息和公司信息，调研内容不涉及商业机密，调研结果不用于商业用途。

本问卷无标准答案或参考答案，希望您能据实填写，请您完整填完每一道题目。我们对您的帮助表示由衷的感谢。如果您对题目有任何疑问或者需要本调查的分析结果，请将邮箱或其他联系方式留在问卷的末尾。

最后，祝您工作一切顺利！

A 第一部分：基本信息

（请按照要求填写或选择，本部分共9道题，

A1、A2为填空题，其余为选择题）

A1 您所在公司名称：＿＿＿＿＿＿＿＿＿＿＿（如果方便，请您填写）

A2 您公司所在地区：＿＿＿＿＿＿＿＿＿

A3 您所在公司是否已被认定为科技型中小企业：＿＿＿＿

A. 是　　B. 否

A4 您所在的公司所属行业领域：＿＿＿＿

A. 制造业　　B. 服务业　　C. 金融业　　D. 电子与信息技术

E. 生物医药　　F. 航空航天　　G. 其他

A5 您所在公司成立年限：＿＿＿＿

A. 3 年及以下　　B. 4~5 年　　C. 6~8 年　　　　D. 9 年及以上

A6 目前，您所在公司的规模：_____

A. 10 人以下　　B. 10~100 人　　　C. 101~300 人　　　D. 300 人以上

A7 您的学历：_____

A 博士　B 硕士　C 本科　D 专科及以下

A8 您在公司的职位级别：_____

A. 高层管理者　B. 中层管理者　C. 基层管理者　D. 普通员工

A9 您是否为该公司最初的创业团队成员：_____

A. 是　B. 否

A10 您的性别：_____

A. 男　B. 女

B 第二部分：创业资源禀赋

（本部分共 10 题，请您根据题项描述，结合现实感受在对应的数字上画"√"，1 表示完全不同意，2 表示不同意，3 表示不确定，4 表示同意，5 表示完全同意）

B 创业资源禀赋	完全不同意→完全同意				
RL 人力资源禀赋	1	2	3	4	5
RL1 本企业有很多**本科及以上**学历的员工					
RL2 本企业员工大多具有相关**工作经验或管理经验**					
RL3 本企业员工大多具有一定的**创业经验或创业背景**					
SH 社会资源禀赋	1	2	3	4	5
SH1 本企业与**政府**机构联系密切					
SH2 本企业与**大学、科研机构**关系密切					
SH3 本企业与**客户群、供应商**关系密切					
SH4 本企业与**其他相关企业**关系密切					
JS 技术资源禀赋	1	2	3	4	5
JS1 本企业拥有的**专利**较多					
JS2 本企业**研发投入**较多					
JS3 本企业**研发人员**数量较多					

C 第三部分：双元能力

（本部分共 14 题，请您根据题项描述，结合现实感受在对应的数字上画"√"，1 表示完全不同意，2 表示不同意，3 表示不确定，4 表示同意，5 表示完全同意）

C 双元能力	完全不同意→完全同意				
TS 探索能力	1	2	3	4	5
TS1 本企业拥有并且开发了较多的产品或服务					
TS2 本企业总是不断追求、创造新技术或者新服务					
TS3 本企业总是能快速获取全新的管理和组织方法					
TS4 本企业并购或收购了相关企业					
TS5 本企业从外部引进新产品和服务					
TS6 本企业积极开拓新市场、寻找新客户					
TS7 本企业积极推广新产品或新服务					
KF 开发能力	1	2	3	4	5
KF1 本企业总能将现有资源充分用于提高技术能力					
KF2 本企业能够持续完善现有产品开发、服务和生产流程					
KF3 本企业总能充分利用社会关系，并与相关企业关系密切，组成了产业联盟					
KF4 本企业不断为顾客挑选、提供现有的产品或服务					
KF5 本企业在现有市场引进改进过的产品或服务					
KF6 本企业不断提升对现有客户的服务水平					
KF7 本企业尽可能降低产品生产和服务的成本					

D 第四部分：创业拼凑

（本部分共 8 题，请您根据题项描述，结合现实感受在对应的数字上画"√"，1 表示完全不同意，2 表示不同意，3 表示不确定，4 表示同意，5 表示完全同意）

EB 创业拼凑	完全不同意→完全同意				
	1	2	3	4	5
EB1 面对新的挑战时，本企业有信心能用企业现有资源找到可行的解决方案					
EB2 本企业能够利用现有的资源应对更多的挑战					
EB3 本企业善于利用任何现有资源应对创业中的新问题和新机会					
EB4 本企业能够整合现有资源和廉价获得的资源应对新的挑战					
EB5 面对新的挑战时，本企业能够通过现有的资源组合成可行的解决方案并采取行动					
EB6 通过整合现有资源，本企业能够成功应对任何新挑战					
EB7 面对新挑战时，本企业通过现有资源组合可行的解决方案					
EB8 本企业通过整合原本并非用于这一计划的资源以成功应对新的挑战					

E 第五部分：创业绩效

（本部分共 9 题，请您根据题项描述，结合现实感受在对应的数字上画"√"，1 表示完全不同意，2 表示不同意，3 表示不确定，4 表示同意，5 表示完全同意）

EP 创业绩效	完全不同意→完全同意				
FP 财务绩效	1	2	3	4	5
FP1 本公司利润增长快					
FP2 本公司投资收益率高					
FP3 本公司市场份额扩大多					
GP 成长绩效	1	2	3	4	5
GP1 本公司员工数量增长快					
GP2 本公司销售额增长速度快					
GP3 本公司净收益增长速度快					
GP4 本公司新业务开发量增长快					
GP5 本公司创新速度快					
GP6 本公司市场份额增长速度快					

F 第六部分：创业环境

（本部分共 7 题，请您根据题项描述，结合现实感受在对应的数字上画"√"，1 表示完全不同意，2 表示不同意，3 表示不确定，4 表示同意，5 表示完全同意）

HJ 创业环境动态性	完全不同意→完全同意				
	1	2	3	4	5
HJ1 本行业的顾客群体偏好变化很快					
HJ2 新顾客和老顾客对产品或服务的需求有差异					
HJ3 行业内技术变化很快					
HJ4 企业很难预测本行业内竞争对手的行动					
HJ5 企业很难预测到消费者需求的变化					
HJ6 已有客户总是喜欢寻求新的产品和服务					
HJ7 行业内专业人员（尤其是技术人员）流动较快					

问卷到此结束，感谢您的参与。

如果方便，请留下您的联系方式，以便于我们在研究后期进行回访：

_____

如果您对研究统计或研究结果感兴趣，也请将您的意见和邮箱留下：

_____

附录四　CFA 代码

验证性因子分析（CFA）Mplus 分析代码

```
DATA: FILE IS data. dat;
    VARIABLE: NAMES ARE

        RL1-RL3
        SH1-SH4
        JS1-JS3
        TS1-TS7
        KF1-KF7
        EB1-EB8
        FP1-FP3
        GP1-GP6
        HJ1-HJ7;

    USEVARIABLES ARE

        RL1-RL3
        SH1-SH4
        JS1-JS3
        TS1-TS7
        KF1-KF7
        EB1-EB8
        FP1-FP3
        GP1-GP6
```

HJ1-HJ7；

MODEL：

　　　　RL BY RL1-RL3；
　　　　SH BY SH1-SH4；
　　　　JS BY JS1-JS3；
　　　　TS BY TS1-TS7；
　　　　KF BY KF1-KF7；
　　　　EB BY EB1-EB8；
　　　　FP BY FP1-FP3；
　　　　GP BY GP1-GP6；
　　　　HJ BY HJ1-HJ7；

OUTPUT：STDYX MOD；

附录五　主效应代码

主效应 Mplus 分析代码

```
DATA：FILE IS data. dat；
      VARIABLE：NAMES ARE
              RL1-RL3
              SH1-SH4
              JS1-JS3
              TS1-TS7
              KF1-KF7
              EB1-EB8
              FP1-FP3
              GP1-GP6
              HJ1-HJ7；
      USEVARIABLES ARE
              RL1-RL3
              SH1-SH4
              JS1-JS3
              FP1-FP3
              GP1-GP6；
      MODEL：
              RL BY RL1-RL3；
              SH BY SH1-SH4；
              JS BY JS1-JS3；
              FP BY FP1-FP3；
              GP BY GP1-GP6；
```

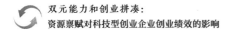
FP ON RL SH JS；
GP ON RL SH JS；

OUTPUT：STDYX；

附录六 中介效应代码

中介效应 Mplus 分析代码

```
DATA：FILE IS data. dat；
    VARIABLE：NAMES ARE

        RL1-RL3
        SH1-SH4
        JS1-JS3
        TS1-TS7
        KF1-KF7
        EB1-EB8
        FP1-FP3
        GP1-GP6
        HJ1-HJ7；


    USEVARIABLES ARE

        RL1-RL3
        SH1-SH4
        JS1-JS3
        TS1-TS7
        KF1-KF7
        EB1-EB8
        FP1-FP3
        GP1-GP6；
```

ANALYSIS：BOOTSTRAP = 1000；

MODEL：

    RL BY RL1-RL3；
    SH BY SH1-SH4；
    JS BY JS1-JS3；
    TS BY TS1-TS7；
    KF BY KF1-KF7；
    EB BY EB1-EB8；
    FP BY FP1-FP3；
    GP BY GP1-GP6；

    FP ON RL SH JS；
    GP ON RL SH JS；

    TS ON RL SH JS；
    KF ON RL SH JS；
    EB ON TS KF RL SH JS；

    FP ON TS KF EB；
    GP ON TS KF EB；

Model indirect：

    FP IND RL；
    FP IND SH；
    FP IND JS；

    GP IND RL；

GP IND SH；

GP IND JS；

OUTPUT：STDYX cint；

附录七　调节效应代码

调节效应 Mplus 分析代码

DATA：FILE IS data. dat；

  VARIABLE：NAMES ARE

    RL1-RL3

    SH1-SH4

    JS1-JS3

    TS1-TS7

    KF1-KF7

    EB1-EB8

    FP1-FP3

    GP1-GP6

    HJ1-HJ7；

  USEVARIABLES ARE

    TS1-TS7

    KF1-KF7

    EB1-EB8

    FP1-FP3

    GP1-GP6

    HJ1-HJ7；

  ANALYSIS：

```
TYPE = GENERAL RANDOM;
ESTIMATOR = BAYES;
ALGORITHM = INTEGRATION;

MODEL:

        TS BY TS1-TS7;
        KF BY KF1-KF7;
        EB BY EB1-EB8;
        FP BY FP1-FP3;
        GP BY GP1-GP6;
        HJ BY HJ1-HJ7;

        INT1 | TS XWITH HJ;
        INT2 | KF XWITH HJ;
        INT3 | EB XWITH HJ;

        FP ON TS (c111)
               KF (c211)
               EB (c311)
               HJ (c21)
               INT1 (c113)
               INT2 (c213)
               INT3 (c313);

        GP ON TS (c121)
               KF (c221)
               EB (c321)
               HJ (c22)
               INT1 (c123)
```

INT2（c223）

INT3（c323）；

［HJ@0］；

HJ@1；

MODEL CONSTRAINT：

NEW（DIR1_ L DIR1_ H DIFF1）；

DIR1_ L = c111−c113；

DIR1_ H = c111+c113；

DIFF1 = DIR1_ H − DIR1_ L；

NEW（DIR2_ L DIR2_ H DIFF2）；

DIR2_ L = c121−c123；

DIR2_ H = c121+c123；

DIFF2 = DIR2_ H − DIR2_ L；

NEW（DIR3_ L DIR3_ H DIFF3）；

DIR3_ L = c211−c213；

DIR3_ H = c211+c213；

DIFF3 = DIR3_ H − DIR3_ L；

NEW（DIR4_ L DIR4_ H DIFF4）；

DIR4_ L = c221−c223；

DIR4_ H = c221+c223；

DIFF4 = DIR4_ H − DIR4_ L;

NEW（DIR5_ L DIR5_ H DIFF5）;

DIR5_ L = c311−c313;

DIR5_ H = c311+c313;

DIFF5 = DIR5_ H − DIR5_ L;

NEW（DIR6_ L DIR6_ H DIFF6）;

DIR6_ L = c321−c323;

DIR6_ H = c321+c323;

DIFF6 = DIR6_ H − DIR6_ L;

OUTPUT: STDYX CINT;